講談社選書メチエ
820

異教のローマ

ミトラス教とその時代

井上文則

MÉTIER

はしがき――宗教的カオスの中で

コンモドゥス帝の奇行

最盛期のローマ帝国を支配した五賢帝の一人として、またストア派の哲学者としても名高いマルクス・アウレリウス帝（在位一六一―一八〇年）の息子コンモドゥス帝（在位一八〇―一九二年）は、暴君であった。その伝記を収める『ローマ皇帝群像』「コンモドゥス・アントニヌスの生涯」（第九章）には、次のようなコンモドゥス帝の奇行が語られている。

コンモドゥスはイシス神崇拝を行ない、頭髪を剃り、アヌビスの像を持ち運ぶまでになった。残酷さを求めることに熱中して、ベロナ女神に奉仕する人たちに対しては、腕を本当に切り取ることを命じた。イシス神の帰依者に対しては、実際に胸を松の実で死ぬまで打つように強いた。コンモドゥスは、アヌビスの像を方々へ持ち歩いては、イシス神帰依者の頭を像の顔で強く打ったものである。女性の衣装を着、ライオンの皮をかぶっては、「ヘルクレスの持ったような」棍棒でライオンだけではなく多くの人間をも殴った。足が不自由で歩行できない人々に巨人族のような衣装をつけさせ、彼らの足の膝から下を蛇のごとく見えるよう、巻き布や布切れで包んで巻いてしまい、それから矢を放って殺した。コンモドゥスは、ミトラ教の儀礼を、実際に人を殺すことで汚した。ミトラ教にはある種の恐怖を起こさせるために、そのようなことを口にし、あるいは見せかけでその振りをする習わしはあったけれども。（南川高志訳）

この話を語る『ローマ皇帝群像』の主眼は、コンモドゥス帝が様々な宗教の儀式を口実に残虐な行為を行っていたということにあるが、しかし歴史的に見て興味深いのは、残虐行為ではなく、その口実とされた宗教のほうである。

最初に挙がるイシスは、古代エジプトの女神である。夫のオシリスはエジプトを治めていたが、弟のセトによって棺桶に入れられて殺され、ナイル川に流された。イシスは、棺桶を地中海東岸のビュブロスで発見してエジプトに持ち帰るが、それを知ったセトはオシリスの遺体をバラバラにして散らしてしまう。イシスは、これらを拾い集めて、オシリスを復活させたとされている。この後、イシスは息子のホルスと共にセトを倒し、復活したオシリスは冥界の支配者になり、息子のホルスはエジプトの王となる。イシスは、この一連の行為のゆえに、模範的な妻、母として、また航海や再生の神として崇められた。

イシスのオシリス探索に付き従ったとされるのが、ローマ時代には犬の頭をしていると考えられていたアヌビスだった。アヌビスは、墓と遺体を守護する神で、死者の魂を冥界に導くギリシアのヘルメス神と同一視された。なお、コンモドゥス帝が「頭髪を剃」ったのは、エジプトの神官の習俗に倣《なら》ったのである。

ベロナ女神は古代ローマの伝統的な戦神で、同じ戦神であるマルスの妻、あるいは娘とされ、戦車

図1　ヘルクレスに扮したコンモドゥス帝

に乗り、松明と剣と槍を手にした恐ろしい姿で想像されていた。前一世紀には小アジア（現トルコ）のカッパドキア地方の女神マーと習合し、その祭儀にあった流血を伴う儀式を受け入れた。マーに仕える女の祭司は、狂乱の中、自らの腕を両刃の斧で打ち、噴き出す血を女神の像に振りかけたとされている。

　ヘルクレス（ヘラクレス）は、数々の武功を挙げたことで知られるギリシア神話の英雄である。自ら剣闘士として武勇を誇ったコンモドゥス帝は、このヘルクレスの熱心な崇拝者であり、実際に、ライオンの皮を被り、棍棒を手に持ったヘルクレスの姿に扮した彫像も残されている（図1）。ヘルクレスには、小アジアのリュディアの女王に仕えた時に女装していたとの伝説もあり、これにちなんでコンモドゥス帝も女装することがあったのであろう。ヘルクレスはまた、オリュンポスの神々と共に、半蛇身の巨人族と戦ったともされている。コンモドゥス帝がこの神話を再演したことは、同時代を生きた歴史家カッシウス・ディオの史書が記録しており、それによれば、コンモドゥス帝は、ローマ市内から病気や怪我で足を失っていた人を集めて、彼らの膝に作り物の蛇を付けて、棍棒で殴り殺した。

　最後に挙げられているミトラ教は、ペルシアの神とみなされていたミトラを崇拝する宗教である。

ミトラ神は、ローマ帝国では太陽神と同一視され、「不敗の太陽神ミトラス（Sol Invictus Mithras）」としばしば呼ばれ、牡牛を殺す独特の姿で彫像や浮彫に表された（図2）。マントを翻して、先の曲がったフリュギア帽子を被ったミトラ神は若々しい神で、片膝をついて牡牛の上に乗り、左手で牡牛の

図2 牡牛を殺すミトラス神 a（上：ローマ市出土）、b（下：レバノンのサイダ出土）

図3 ミトラス神殿内部の復元図

首を引き寄せ、右手でその首に短剣を突き刺している。牡牛から流れ出る血には、犬とヘビがとびかかり、性器にはサソリが取りつく。この神を祀る神殿は、ミトラ神が牡牛殺しを行ったとされる洞窟を模倣した縦長の形状をとり、中央には通路が、左右には儀式に参加する信者のためのベンチが設けられていた（図3）。ミトラ教の信者は、神殿内で執行される儀式の中で模擬的な死と再生を経験したと推定されており、コンモドゥス帝は、この模擬的な死も逆手にとって、実際に信者を殺害したのであろう。

ミトラ神は正確には、ペルシアではミスラ、インドではミトラ、ローマ帝国ではミトラスと呼ばれた。わが国の高等学校の教科書などでは、インドでの呼称を踏まえているわけではないが、慣習的にミトラと表記されている。『ローマ皇帝群像』の翻訳でもミトラである。本書では、これら三つの呼び方を適宜使い分けるが、同じ神を指しているので、読者におかれては特段の注意を払われる必要はない。

ローマ市に流れ込む多彩な宗教

以上のようにコンモドゥス帝が悪い意味で関わったとされる宗教を見ただけでも、二世紀末のローマ市には、ベロナやヘルクレスのような伝統的なギリシア・ローマの神々からエジプトのイシスやアヌビス、ペルシアのミトラのようなオリエントの神々の信仰までが存在していたことが分かるだろう。

このうちローマ帝国時代におけるオリエントの神々の信仰は、研究史上、「オリエント宗教」と呼ばれ、その多くが密儀宗教の形態をとっていた。

密儀宗教とは、特別の儀式を経て入信した者だけに秘密の教義が明かされる宗教のことで、その起源は、古代ギリシアのエレウシスの秘儀に求められる。エレウシスは、アテナイの近郊にあった女神デメテルとその娘ペルセフォネの聖地で、料金さえ払えば、身分や性別を問わず誰でもその秘儀を受けることができ、秘儀を受けた者には死後の幸福が約束されたという。コンモドゥス帝の治世には、イシスやミトラの他にも、小アジアの女神キュベレとその愛人アッティス、同じく小アジアのユピテル・ドリケヌス、シリアのユピテル・ヘリオポリタヌスなどを主神とする密儀宗教も存在していた。

オリエントの密儀宗教ではないが、同じオリエントに起源をもつ一神教であるユダヤ教やキリスト教もこの時代のローマ帝国には広まっていた。さらにローマの皇帝も、死後は、神となって伝統的なローマの神々に列せられて崇拝されていた。

大別すればローマ帝国内には、ギリシア・ローマの伝統宗教とオリエント宗教、一神教の三種類の宗教があったのである。そして一神教以外の、前者二つの宗教がいわゆる「異教」である。

三世紀前半の皇帝アレクサンデル・セウェルス帝（在位二二二―二三五年）に至っては、ララリウムと呼ばれる私的な礼拝堂の中に、自身の先祖や神格化された皇帝たちに加えて、イエスやアブラハム、テュアナのアポロニオス、オルフェウスまでを祀っていたと『ローマ皇帝群像』の「アレクサンデル・セウェルスの生涯」は伝えている。

言うまでもなく、イエスはキリスト教の創始者であり、アブラハムはユダヤ人の始祖として『旧約聖書』に登場する人物である。テュアナのアポロニオスは、一世紀末から二世紀にかけて活躍した新ピタゴラス派の哲学者で、様々な奇跡を起こしたことで知られる。オルフェウスは竪琴の名手として、また死んでしまった妻を取り戻そうと冥界に赴いたことで有名だが、一方で、殺生と肉食を断つことで輪廻転生を免れ、死後の救済が得られると説くオルフェウス教の開祖とも当時はみなされていた。アレクサンデル帝は、一神教と異教を区別することなく、その信仰に取り入れていたことになるのである。

コンモドゥス帝やアレクサンデル帝が在位していた二世紀から三世紀において、ローマ帝国の領土は、東はユーフラテス川、西は大西洋、北はブリテン島北部に走るハドリアヌスの長城、南はサハラ砂漠に及んでおり、この広大な領土のあらゆる宗教がローマ市に流れ込んでいた。この状況を二世紀初めに活躍した詩人のユウェナリスは、『諷刺詩』（第三歌）で、ローマが「ギリシア化し」、「シュリア〔シリア〕のオロンテース川の水がローマのティベリス川に流れ込んでからすでに久しい。シュリア人は、言葉や風俗習慣や、笛吹きとともに東洋風の竪琴も、その上にその民族固有のタンバリンをも持ち込んだ」（国原吉之助訳。〔 〕内は筆者の補い。以下同様）と嘆いた。

謎の宗教ミトラス教

しかし、様々な宗教がカオスの中にあった状況は、コンモドゥス帝の時代から一〇〇年ほど経った四世紀初めの三一三年にコンスタンティヌス帝（在位三〇六―三三七年）がミラノ勅令によってキリスト教を公認したことで終焉に向かう。そして、そのおよそ一〇〇年後の三九二年には、全ての異教がテオドシウス帝（在位三七九―三九五年）によって禁じられて、ローマ帝国はキリスト教の国家となる運命にあった。

本書が対象とするのは、このキリスト教が支配的な宗教となる以前の異教時代のローマ帝国である。しかし異教を網羅的に取り上げることは筆者の手に余るし、またどうしても羅列的になってしまうので読みものとしても面白くないであろうから、異教の中でも、特にミトラス教を中心に取り上げたい。

ミトラス教に特に着目するのは、これが異教時代にもっとも勢力を誇った宗教の一つだったと推定できるにもかかわらず、その実態が本当のところはよく分かっていないからである。

実際、三世紀の段階で、ローマ市内だけでミトラス教の神殿は一〇〇ほどあったとも言われ、あるいは、その数を多く見積もる者は、二〇〇〇との数字を挙げている。これほど多くの神殿をもった異教は他にはない。そして、そのうちのいくつかは、サンクレメンテ教会やサンタプリスカ教会、あるいはサンステファノロトンド教会などの教会の地下から発見されている（図4）。一九世紀フランスの宗教学者エルネスト・ルナンは、一連の『キリスト教起源史』の第七巻『マルクス・アウレリウス帝と古代世界の終焉』の中で、ミトラス教について「もしキリスト教が何らかの致命的疾患によって

図4　サンクレメンテ教会地下のミトラス神殿

ローマ帝国とヨーロッパの深層へ

その成長を止めていたならば、世界はミトラス教化していただろう」とまで述べ、キリスト教最大のライバルだったとの見方を示した。

　しかしその推定される勢力と裏腹に、ミトラス教の実態がよく分かっていない根本的な原因には、史料の問題がある。ミトラス教には、神像や神殿の遺構などを初めとして、考古学的な遺物は豊富に存在している。例えば、「牡牛を殺すミトラス神」だけで七〇〇ほど発見されているのである。しかし一方で、教義を記した文献はほとんど残っていない。教徒自身の手になるものは、奉納物に書かれた碑文が主たるもので、その数は一〇〇〇ほどあるものの、短文であり、情報量は少ない。その他には、敵対していたキリスト教徒や、あるいは逆に共感を抱いていたとおぼしき新プラトン主義の哲学者などによる言及があるが、これらもごくわずかである。このような史料状況、とりわけ絶対的な文字史料の少なさを考えれば、ミトラス教の実態がよく分かっていないのも当然のことであるし、異論のない結論に到達することはほとんど不可能とも言えるだろう。

しかし、それでも本書では、まずは筆者なりにミトラス教の全体像の復元をできる限り試みる。この作業は、イシスの秘儀などの同じオリエント宗教との比較を意識しつつ行うが、これによって異教時代のローマ帝国の姿がより立体的に提示されるだろう。それは先進的で、合理的なイメージとは異なる、魔術や「迷信」、死や死者への怖れに満ちた世界でもある。そして最終的には、このような異教世界の中で、なぜミトラス教が流布したのか、またこれと敵対したキリスト教勝利の要因、さらにはその意味についても考察を及ぼしたい。謎に満ちたミトラス教を探ることは、このこと自体で読者の知的好奇心を充分に満足させるものと思うが、しかし他方で単なる謎解きに終わることなく、キリスト教も視野に入れることで、本書がローマ帝国、さらにはヨーロッパとは何なのかを考えるよすがともなるように努めて書いたつもりである。

異教のローマ◉目次

序章 謎の宗教への挑戦

――歴史学者のみた夢

図 0-0　キュモンの蔵書票

オリエント宗教の「誕生」

東洋美術の専門美術館として知られるパリのギメ美術館の年報の一冊として、一九〇六年に『異教時代のローマにおけるオリエント宗教（*Les religions orientales dans le paganisme romain*）』と題した書物が刊行された。表紙に、スフィンクスやナイル川を初めとするエジプトの風景や中国青銅器、アラビアのランプ、鶴や鯉などの日本的模様をあしらったカーテンなどが描かれた、三三三頁、縦一九センチメートル、横一三センチメートルの小型本である（図0－1）。著者は、ベルギーのガン大学教授フランツ・キュモン（一八六八―一九四七年）（図0－2）。

キュモンは、この書物の中で小アジア、エジプト、シリア、ペルシアの諸地域の信仰をオリエント宗教の枠組みに入れて、それぞれ一章を当てて分析し、これらオリエント宗教がなぜローマに広まり、異教が全体としてどのように変容していったのかを総合的に分析してみせた。そして、その結論として、オリエント宗教は、キリスト教に先立って広まることで、ローマの伝統的な「国民宗教」をあらかじめ解体させ、キリスト教化のための地均《じなら》しを行ったと位置付けた。オリエント宗教は、いわばキリスト教の先駆者とみなされたのである。

『異教時代のローマにおけるオリエント宗教』は、刊行の翌年には早くも重版され、一九一〇年にはドイツ語訳、一一年には英語訳、一三年にはイタリア語訳が出されるほど、広くヨーロッパの読書界に受け入れられた。オリジナルのフランス語版も一九二九年に、三度目の改訂がなされた。この第四版には初版には全くなかった図版が多く載せられ、また補論として「ローマ市におけるバックスの秘儀」が付け加えられた。バックスは、酒の神ディオニュソスのラテン語の呼び名である。

この書物は、「オリエント宗教」をローマ宗教史研究の一分野として定着させた画期的な研究書だったのである。

しかし、刊行から一二〇年近く経った今日では、キュモンの提唱した「オリエント宗教」に様々な異論が提出されている。これは当然のことである。例えばオリエントは、ひとくくりにするには余りに多様であり、またそこに起源をもつオリエント宗教は、それが密儀宗教の形をとっていることからも分かるように、ギリシアの宗教の影響を強く受けており、純然たるオリエントの宗教とも言えないし、またオリエント宗教をキリスト教の先駆者とするのは異教から一神教への単線論的な発展図式にすぎない、など異論を挙げればきりがない。とはいえ、「オリエント宗教」がすべてオリエントに由来する神を核にした信仰であることや、後述するように、そこに共通して「死後の魂の救済」の観念などがあったのも事実であり、また便利な用語でもあるので、「異教」と同じく、その限界を意識し

図0-1『異教時代のローマにおけるオリエント宗教』の表紙

図0-2 フランツ・キュモン

つつも、以下では「オリエント宗教」の表現を用いていきたい。

フランツ・キュモンのミトラス教研究

このオリエント宗教の立役者キュモンがもっとも熱意をもって取り組んだオリエント宗教がペルシア起源とされるミトラス教だったのである。

本章では、やや詳しくキュモンの生涯とその学説を追っていくが、それはキュモンの関心の及んだ領域やその生き方に筆者が大いに興味を引かれるからであり、またそのミトラス教解釈は、続く時代のミトラス教研究の基礎となって、我が国の高等学校の教科書の記述にまで影響が及んでおり、多くの日本人にとっても無縁ではないからである。一例を挙げれば実教出版の『世界史B』の教科書（二〇一二年）には「ミトラ教は、インド・イランのミトラ神に起源をもち、小アジアで宗教として成立した。ミトラ神は太陽と同一視された。ローマ時代には皇帝・軍人に信者が多く、さかんに牛を屠《ほふ》る密儀が行われた」とあるが、ここに見られるミトラス教小アジア起源説の記述などは実はキュモンのミトラス教理解を踏まえたものなのだ。

キュモンのミトラス教への関心は、一八八八年、二〇歳の時に刊行された二本の論文「ラテン語碑文に現れる永遠なる神々」と「エデッサにおけるミトラ崇拝」に認められる。そして、ミトラス教研究は一八九九年には早くも二巻本の『ミトラの密儀に関する文献史料と図像史料』として結実した。この段階でも、キュモンはまだ三一歳の若さであった。

それぞれの巻の目次は次の通りである。

第一部　文献史料

一　オリエントの諸言語の史料

二　ギリシア語とラテン語の史料

第二部　碑文史料

オリエントの諸言語の碑文

ギリシア語とラテン語の碑文

一　アジア（コンマゲネ、カッパドキア、フリュギア、フェニキア）

二　ヨーロッパ（ローマ、イタリア、シチリア、アカイア、トラキア等）

三　アフリカ（マウレタニア、エジプト）

追加史料

索引

目次から明らかなように、第二巻がミトラス教に関する史料の集成、第一巻が第二巻に集成された史料の解説（＝第一部の史料批判）と史料の分析から導き出されたミトラス教像（＝第二部の結論）となっている。

本書は、一見奇妙なことに、第二巻が第一巻に先立って刊行されたが、ここには、まずミトラス教についての史料を網羅的に収集した後、その史料に基づいてミトラス教の研究を行ったキュモンの研究姿勢が反映されている。そして、この堅実な研究姿勢こそがキュモンの研究を画期的なものにしていた。ミトラス教の研究はキュモン以前から存在していたが、研究の基礎となる史料の収集が充分ではなかったため、限られた史料から出された結論に異論が付きまとうのは避けがたかったのである。しかし、キュモンは当時知られていた限りの史料を網羅的に収集し、その全てを分析した上で結論を導き出したので、その結論には大きな信頼が寄せられたのだった。

キュモンがこのような研究姿勢を学んだのは、留学先のドイツにおいてであった。キュモンのドイツ留学は一八八八年に始まるが、当時のベルリン大学には、近代ローマ史研究の基礎を築いた大学者テオドール・モムゼン（一八一七―一九〇三年）がいた。『ローマ史』によって一九〇二年のノーベル文学賞を受けたことでも知られる、このモムゼンの研究の大きな特徴は、まさに史料の編纂にあったのである。モムゼンは、『ローマ法大全』や『テオドシウス法典』を自ら編纂しただけでなく、『ドイツ中世史料集成』にも深く関わり、そして何よりもラテン語で書かれた全ての碑文の収録を目指した『ラテン碑文集成』の企画を一八五三年から進行させていたのであり、これを目の当たりにしたキュモンは、自らの範としたのだった。『ミトラの密儀に関する文献史料と図像史料』の第二巻第二部に収録された碑文史料はローマ帝国の属州ごとに区分されて配列されているが、これは『ラテン碑文集成』に倣ったものである。ちなみに、モムゼンは一八九八年の書簡の中で、キュモンを「ミトラの火の説教壇に立つ教授」と呼んだ。

「マズダー教のローマ的形態」――キュモンのミトラス教理解

『ミトラの密儀に関する文献史料と図像史料』で示されたキュモンのミトラス教理解は、一言で言えば、ミトラス教は、マズダー教の一派というものであった。

マズダー教は、太古から存在したイランの民族宗教で、マズダー、すなわちアフラ・マズダー（知恵の主）を主神として崇拝することから、その名がある。現在のフランス語の辞書で、マズダー教の原語 mazdéisme を引くとゾロアスター教のこと、と出てくるが、キュモンはマズダー教とゾロアスター教を明確に区別し、ゾロアスター教は、古代イランの預言者ゾロアスターがマズダー教を改革することで成立したものと理解していた。ゾロアスター教とミトラス教は、共にマズダー教から派生した宗教ということになる。

とはいえ、キュモンの理解では、ミトラス教の元になったマズダー教も、ゾロアスター教と同じく、善悪二元論の世界観を持ち、この世は、アフラ・マズダーが率いる善の勢力と悪神アーリマンの勢力との闘争の場であり、最後には、アフラ・マズダーが勝利して、至福の世界が訪れると説いていた。ミトラは、言うまでもなく、善の勢力に属する神である。しかし、ミトラ神の地位に関しては、両宗教の間で決定的な違いがあったとされている。

すなわち、ミトラはマズダー教においてはアフラ・マズダーに匹敵する神であったが、ゾロアスターは、アフラ・マズダーのみを最高神とし、その下に六大天使アムシャ・スプンタ、さらにその下にヤザタと呼ばれる神々を位置づけ、ミトラ神をヤザタの一柱とした。いわばゾロアスターのアフラ・マズダー一神教的宗教改革によって、ミトラ神は最高神から下位の神々にその地位を落とされたのだった。

キュモンは、イラン人の一派ペルシア人が前六世紀半ばに興し、全オリエントを支配したアケメネス朝はゾロアスター教ではなく、マズダー教を奉じていたと見ていた。ゾロアスターは、アケメネス朝成立以前のイラン東部に生きた人であったが――その生存年代は前一二〇〇年から前六〇〇年頃まで諸説ある――、その影響力は、アケメネス朝の時代には未だイラン全土には及んではいなかったとされているのである。

したがって、アケメネス朝の勢力拡大に伴って広がったのはマズダー教であり、このマズダー教が、オリエント各地で様々な宗教や思想の影響を受けることになった。例えば、バビロニアでは占星術の、小アジアではギリシアの思想に接し、またアフラ・マズダーはバビロニアの天空神ベールやギリシアのゼウスと、ミトラ神はバビロニアの太陽神シャマシュやギリシアの太陽神ヘリオスと同一視されるようにもなったのである。キュモンによれば、こうして変容したマズダー教を基盤として、ミトラ神を主神とするミトラス教がヘレニズム時代の、遅くとも前二世紀には小アジア東部で、マゴスと呼ばれるマズダー教の神官たちの手によって創り出されたのだった。

こうして小アジア東部で誕生したミトラス教は、前一世紀にはローマ市に伝わっていたが、しかし、この時点での「一般大衆に対する彼〔ミトラス〕の信者たちの勢力は、現代ヨーロッパ〔一九世紀末時点〕での仏教徒集団のそれとほとんど同じくらい無力であった」（小川英雄訳）とキュモンは評価する。

ミトラス教の流布が本格化するのは、後一世紀の後半以後のことで、それはローマがその誕生の地である小アジア東部を直轄の属州として併合したからである。その結果、小アジア東部とローマ帝国の諸地域との間で、様々な形での人の移動が活性化し、ミトラス教が広まっていった。キュモンの推定では、小アジア東部では、一世紀までにミトラス教がかなり広まっていたのであり、この地で集められた兵士や奴隷、あるいは商人が、自身の信仰であるミトラス教を職務上の移動の過程でローマ帝国各地に運んだのだった。

キュモンが理解したミトラス教の概観をさらに続けよう。

ミトラス教への入信に際しては、禁欲や苦行などの試練が課され、またキリスト教の聖餐式《せいさんしき》のようなパンとブドウ酒を口にする儀礼も行われた。信者には、「カラス」に始まり「父」に終わる七つの位階があり、位階を上がるに際しても、何らかの儀礼を経なければならなかった。これらの一般信者以外に、ミトラス教には専任の聖職者も存在したとされている。彼らは、「父」の位階に属し、神学の知識を持ち、儀礼を司った。毎週の日曜日や春分、秋分の日、太陽神の誕生日であった一二月二五日などは、神聖な日として祝われた。

ミトラス教の教義は、マズダー教の善悪二元論の世界観が前提となっていた。最高神には、無限の時間神ズルヴァンがおり、ミトラス教では、ライオン頭の神として表された（図0－3）、とキュモンは考えた。ズルヴァンが生み出したのが善神アフラ・マズダーと悪神アーリマンであり、この二柱の神をそれぞれ頂く善と悪の勢力が争う世界で、ミトラス神は重要な役割を演じたとされるのである。

この世に岩から生まれたミトラス神は、まず太陽神と力比べをして勝利し、同盟を結ぶ。その後、アフラ・マズダーが創造した最初の生き物である牡牛を捕らえて洞窟に連れて行き、太陽神の命令を受けて、これを殺害する。

すると、「その時、途方もない奇蹟が起こった。瀕死の犠牲獣の体から効能あるあらゆる薬草や植物が生まれ出て、大地を緑で覆った。獣の脊髄からはパンのもととなる麦、血液からは密儀の聖なる飲料を採る葡萄《ぶどう》が芽を出した。……悪霊はのたうつ獣に〔サソリやヘビなどの〕不浄の動物たちをさし向け、牡牛の体内にある生命の源に毒を盛ろうとしたが無駄である。……こうして、牛を殺した英雄は自身が甘受した生贄の供犠《くぎ》によってすべての役に立つ存在の創造者となり、彼が惹き起こした死から、より豊かでより多産な新しい生命が生まれ出たのである」（小川英雄訳）。

牡牛を殺すことで「すべての役に立つ存在の創造者」となったミトラス神は、この後に誕生した人間を悪の勢力から守るようになり、旱魃《かんばつ》に襲われた人々を奇跡を起こして助けたりする。地上での一連の使命が終わると、ミトラス神は、太陽神と饗宴を行った後、太陽神と共に馬車に乗って天に昇っていった。しかし、ミトラス神は、昇天後も、自らを信仰する者たちを守り続けた。ミトラス神の信者は、これに応えるために、清浄で禁欲的な生活を心がけ、繰り返しみそぎを行い、魂の穢れを落し続けなければならなかった。

図0-3　ライオン頭の神

ミトラス教の信仰でも、死後、人間の魂は、生前の行為に応じて天上か地獄に行くことになるが、ミトラス神はその審判者であり、自らを信じた善き人の魂を、その魂が生まれた天上へ導いてくれた。ミトラス教には、個別の魂の審判だけではなく、善と悪の最終決戦が起こる終末の日に行われるとされる最後の審判の信仰もあったとキュモンは主張した。この時にも、アフラ・マズダーは再び牡牛を創造するが、この牡牛をミトラス神は犠牲に捧げ、その脂とブドウ酒を混ぜた不死の飲み物を善き人々に配る。そうして、悪の勢力が完全に滅ぼされた後、善き人々は永遠の幸福を享受して生きることになるのである。

要するに、キュモンが理解したところでは、ミトラス神は、この世の善きものの創造者であり、現世においても、死後の世界においてもその信徒を助け、最後の審判に際しては信徒を至福の世界へと導く存在なのであった。「牡牛を殺すミトラス神」の図像は、このような創造神としてのミトラスと救済神としてのミトラスの二つの姿を同時に描いたものということになる。

しかし、キュモンは、ミトラス教の聖職者は「人間と世界の起源と終末についてのマズダー教教義の啓示」（小川英雄訳）を信者の中でもその奥義に達した者にのみ取っておき、一般の信徒は「カルデア人の思索によって霊感を受けた、人目を惹くが表面的なシンボリズムで満足させられた」（同訳）と言う。ここで言われている「カルデア人の思索」というのは、バビロニアの占星術の影響のことで、ミトラス教徒の間では、惑星や黄道十二宮が崇拝され、占星術の運命論も持ち込まれていたのである。

二世紀末以降になると、ローマ皇帝たちもミトラス教を支援するようになった。ミトラス教には、専制君主化しつつあった皇帝たちにとって都合の良い、君主を神聖化する思想、すなわち、君主は神の恩寵を受けた存在であり、その魂は地上に生まれ出る前に、支配者の星である太陽からその属性を分け与えられていたとする思想が含まれていたからだとキュモンは考えた。

ミトラス教には、女性は入信できなかったが、世界制覇を狙う宗教としては致命的なこの欠点は女神キュベレの信仰と密接な関係をもつことで補われた。ミトラス教は、キュベレの信仰以外にも、エジプトのセラピス神やシリアのユピテル・ドリケヌス神などの信仰とも結びつき、とりわけ太陽神こそ究極の神とする思潮が流行する中で、「不敗の太陽神」として勢力を大きく拡大したとされるのである。「少なくとも四世紀には、ミトラ教はすべての神々とすべての神話を一つの広大な集合体の中で結び合わせることによって新宗教を興すことを狙っていた。それは支配的な哲学とも帝国の体制とも調和がとれたものになるはずであった」（小川英雄訳）。キュモンは、ミトラス教が「多神教を尊重したままで一神教を確立しようと試みた」（同訳）とまで述べている。しかし、コンスタンティヌス帝のキリスト教公認以後、ミトラス教は「国家の庇護が敵意に変わってからは急速に衰亡した」（同訳）のだった。

以上がキュモンのミトラス教理解の概要である。

その後のキュモンの研究

『ミトラの密儀に関する文献史料と図像史料』の第二巻が刊行されたとき、キュモンは、まだ二八歳であった。先に見たように、第一巻が出た時点でも三一歳だったので、一九四七年に七九歳で没するまでの残りの四八年間の研究人生を通して、膨大な研究成果を残すことになった。キュモンが生涯において著した著作や論文の総数は、没後に公表された七つを含めて、一〇〇九作に及ぶ。その背景には、キュモンが裕福なブルジョワの出であり、一九一一年に時の文部大臣と対立してガン大学の教授職を辞して以後は、パリとローマに居を構えて、独立の研究者となっており、さらに加えて、生涯独身であったため、研究に多くの時間を割ける環境にあったことも見逃してはならないだろう。

主要な著作だけに限っても、年代順に『ミトラの密儀』(一九〇〇年)、『異教時代のローマにおけるオリエント宗教』(一九〇六年)、『マニ教研究』第一巻(一九〇八年、第二巻は一九一二年)、『ギリシア人とローマ人の占星術』(一九一二年)、『ベルギーのローマ化』(一九一四年)、『シリア研究』(一九一七年)、『ローマ人の来世観』(一九二二年)、『ユリアヌス帝の書簡と法令集』(一九二二年、J・ビデとの共編)、『ドゥラ・エウロポスの発掘』(一九二六年)、『エジプトの占星術師たち』(一九三七年)、『ヘレニズム化したマゴス』(一九三八年、J・ビデとの共著)、『ローマ人の葬礼のシンボリズム』(一九四二年)、『永遠の光』(一九四九年、没後出版)の一四冊が書かれた。

これらの著作のタイトルから窺えるように、キュモンの研究テーマは、大きく三つあった。

ひとつは、これまで紹介して来たミトラス教を初めとするオリエント宗教。ここにマニ教の研究も含めてもいいかもしれない。マニ教は、三世紀にバビロニアの預言者マニが開いたイラン的な善悪二元論を基調とする宗教で、一時、東は中国から、西はローマ帝国まで広まり、古代末期のキリスト教の教父アウグスティヌスも若き日にはマニ教徒であった。キュモンは、ヨーロッパにイラン的な善悪二元論の思想を広めた点で、マニ教をミトラス教の後継者と位置付けていた。

もうひとつは、占星術。キュモンは、一八九八年に他の研究者と共同で『ギリシアの占星術書の写本カタログ』を刊行しており、ミトラス教研究と並走して、占星術への関心を深めていた。『異教時代のローマにおけるオリエント宗教』でも、一章分が「占星術と魔術」に割かれている。ただし、キュモンの占星術に対する評価は低く、『ミトラの密儀に関する文献史料と図像史料』においても、占星術を「誤りと恐怖とをともなうこの疑似科学」と表現し、占星術の教義を多分に取り入れていたミトラス教にはその「西方における勝利に責めがある」としていた。

そして、三つ目が古代ローマ人の死後の観念である。キュモンによれば、古代ローマ人は、肉体の死後、その魂は、墓の中で現世と変わらぬ生活をすると古い時代には想像していたが、やがて冥界のような死者の魂が集団で過ごす場所が地下にあるとみなすようになり、最終的には、魂は天界に由来するもので、それゆえに肉体から離れた魂は生まれ故郷である天界に帰還すると考えるようになった、という。ミトラス教は、天上における魂の不死を説いていたので、最終段階の古代ローマ人の来世観の確立と流布に関わったことになる。キュモンは、このような来世観の発展段階的な理解を一九二二年の『ローマ人の来世観』で示し、その後も、一九四二年の『ローマ人の葬礼のシンボリズム』と没後出版となった『永遠の光』において、その理解をいっそう精緻にしていったのである。

これら三つの研究テーマは、いずれもミトラス教に関わるものではあるが、ミトラス教自体については、『ミトラの密儀に関する文献史料と図像史料』以後、単著が新たに書かれることはなかった。一九〇〇年の『ミトラの密儀』は、『ミトラの密儀に関する文献史料と図像史料』第一巻の「結論」を独立させたものにすぎない。だが、ミトラス教への関心は、終生失われることはなかった。生前最後に刊行された論文は、瀕死のアレクサンドロス大王と同定されている彫像の中には、実際には「牡牛を殺すミトラ神」の像が混ざり込んでいる可能性があると指摘した「瀕死のアレクサンドロス大王、あるいは牡牛を殺すミトラ神か」だったのである。

小アジア起源説へのこだわり

キュモンは、ミトラス教の新出史料にも常に目を配っており、一九一三年に出された『ミトラの密儀』の改訂第三版では、一九〇〇年以後に見つかった史料を踏まえた補訂がなされている。先に見たように、キュモンは、『ミトラの密儀に関する文献史料と図像史料』においては、ミトラス教には、マズダー教的な教義とカルデア人の占星術的な教義が含まれており、前者が「完全に啓示を受けた人々の神学」としてとっておかれ、後者は一般の信者のためのものとしていたが、この改訂第三版への前書きでは、事実はむしろ逆であったと考えるようになったと述べている。

しかし、ミトラス教の諸問題の中でも、キュモンが最期までもっともこだわったのは、自らのミトラス教小アジア起源説を考古学的に証明することであった。キュモンは、先に言及したように、ミトラス教が紀元前二世紀には小アジアで誕生していたと考えていたのだが、確実に密儀宗教ミトラス教のものと断定できる「牡牛を殺すミトラス神」の像のような遺物は紀元後一世紀後半にならないと現れず、しかも肝心の小アジアからはミトラス教の遺物そのものがほとんど発見されていなかったのである。そのため、キュモンは、機会があれば、交通不便な小アジアや近接するシリアに進んで出向くことになった。

一九〇〇年に、キュモンは、弟のユジェーヌと共に当時オスマン帝国領であった小アジア東部のポントゥス地方や小アルメニア地方に考古学調査旅行に出かけたが、その目的の一つに、ミトラス教小アジア起源説の証拠探しがあったことは疑いない。

シリア東部のユーフラテス川に臨む場所に城塞都市ドゥラ・エウロポスがある（図0－4）。一九三四年、この都市の遺跡からミトラス神殿が発見された。遺跡発掘の指揮をとっていたアメリカのイ

図0-4 ドゥラ・エウロポスの全景

図0-5 ミトラス神殿に立つキュモン（左）とロストフツェフ（右）

ェール大学隊のM・ロストフツェフは、直ちにキュモンに電報を打った。「彩色されたミトラス神殿があなたのテントのそばから発見された。来たれ」。実は、キュモンは、一九二二年から二三年にかけて、ドゥラの発掘を行っていたのだが、その時には発見できなかったのである。ローマにいた当時六六歳のキュモンは、再びシリア奥地のドゥラまで足を運び、遺跡を実見した。図0-5は、ドゥラのミトラス神殿の前に立つキュモンとロストフツェフの写真である。ロストフツェフは、遊牧民スキタイの研究からローマ帝国の社会経済史までの広範な分野で優れた業績を残した二〇世紀を代表する古代史研究者である。この写真は古代史研究の二人の巨人がミトラス神殿の前に立つ奇跡の一枚とも言えるものである。

ドゥラのミトラス神殿は、フレスコ画や多くのグラフィティ（落書き）を伴う極めて貴重なものではあったが、残念なことにキュモンが期待したような、ミトラス教小アジア起源説に寄与しうる古いものではなかった。ドゥラのミトラス教は、二世紀後半にローマ軍に属するパルミラ人の弓兵部隊によって持ち込まれたものにすぎなかったからである。

ドゥラ・エウロポスからは、ミトラス神殿の他にも、アドニスやゼウスといったギリシアの神々やアタルガティス、ガッデなどの在地の神々を祀った神殿、さらにはキリスト教の教会やユダヤ教のシナゴーグまで発見されており、都のローマ市と同じく、この都市もまた宗教的カオスの中にあったことが分かっている。

キュモンは、一九三九年に著された論考「小アジアのミトラ」でも、依然として小アジアに由来するミトラス教関係の史料の数の少なさを嘆かなければならなかったが、同宗教の小アジア起源説自体への自信が揺らぐことはなかった。

晩年のキュモンは、ミトラス教の中心地がローマ市にあり、三世紀には帝国政府の管理下におかれて、帝国全土でその図像や教義が統一されていたと考えるようになっていた。しかしそれでもなお、その起源の地を小アジアに求めており、死の三ヵ月前に完成したドゥラのミトラス神殿の報告書においても「おそらく、遠からず、われわれはシリア、あるいは小アジアにおいて、一世紀初頭のミトラス神殿を発見するに違いない。そして、この発見は、驚くべき成功をなす運命にあったひとつの宗教の、今は不分明なその起源を解明することを可能にするだろう」との期待を表明していた。

定説の崩壊――キュモン以後のミトラス教研究

以上のように、キュモンのミトラス教理解は、網羅的な史料の収集と検討の上に出されたものであったことに加えて、キュモン自身がその没年に至るまで、第一線の学者として長く活躍したことも相まって、J・トゥタンやS・ウィカンデルといった考古学者やイラン学者による有効な批判があったにもかかわらず、ゆるぎない地位を占め続けた。その状況は、二〇世紀の末に、ミトラス教の研究史を振り返ったR・ベックをして「ミトラス教ほどたった一人の研究者の業績によって支配されたローマ史の研究領域は他になかっただろう」と言わしめるほどであった。その影響がわが国の教科書にまで及んだことは、先に言及した通りである。

一九五六年から六〇年にかけて、オランダの学者M・J・フェルマースレンは、改めてミトラス教の二巻本の史料集『ミトラス教の碑文・図像集成』を編んだが、フェルマースレンもまたキュモン説に七〇年代までは忠実であった。フェルマースレンのミトラス教理解は、邦訳もある『ミトラス教』（原著は一九五九年）に見ることができるが、そこでは、例えば牡牛殺しの図像の解釈について「さまざまな、ときとしてまったく空想的な説明がなされてきたなかで、フランツ・キュモンのものが最も説得力があって他の追従を許さない。その後、彼の説から離れようとする試みもなされたが、きまって新しい難問を生んだだけである」（小川英雄訳）と述べられているのである。フェルマースレンは、一九六一年からは「ローマ帝国のオリエント宗教研究叢書」を編集し、オリエント宗教の研究に多大な功績を残した。フェルマースレンの生前に、この叢書から一〇三冊ものオリエント宗教の研究書が刊行されたのである。

しかし、一九七一年、長らく絶大な影響力を持ったキュモンの説への本格的批判が始まる。きっかけとなったのは、イギリスのマンチェスターで開かれた「第一回国際ミトラ神研究学会（The First International Congress of Mithraic Studies）」であった。この学会は、ローマ帝国のミトラス教だけでなく、古代インドのミトラ神とイランのミスラ神崇拝の歴史を学際的、総合的に研究しようとするものであり、各分野の代表的研究者が一堂に会した画期的なものだった。

報告者の一人であったミトラス教の専門家R・ゴードンは、キュモンがミトラス教をマズダー教の一派と無批判にとらえて議論を進めたと批判した。キュモンは、ミトラス神はイランのミスラ神と同じ神なので、その信仰もまたマズダー教的なものであると考えていたが、実はこの肝心な点が証明されておらず、論理の飛躍があると指摘されたのである。そして、ゴードンは、ミトラス教の研究は今後、マズダー教を前提とせず、まずはミトラス教の史料のみを用いて研究すべきと主張した。「牡牛を殺すミトラス神」の場面の意味を再検討したイラン学者のJ・ヒネルズも、ゴードンに賛意を示し、この場面に善と悪の闘争を読み取るキュモンの説は成り立たないと論じた。悪の使いとされるサソリやヘビも、ギリシア・ローマ的な理解に基づいて、豊穣や生命力の象徴とみなし、ミトラス神は、牡牛を犠牲に捧げることで、そこから放出される力を人間に与えていると解釈したのである。ヒネルズは、このような供犠を通して救済がもたらされるという観念自体は、マズダー教に由来すると見ていたが、キュモンが想定していたよりも、ミトラス教のマズダー教的要素をはるかに少なく評価したのである。

この後、「国際ミトラ神研究学会」は、一九七五年にイランのテヘランで、一九七九年にイタリアのローマで開催され、また一九七六年から八〇年にかけて『ミトラ研究誌（*Journal of Mithraic Studies*）』まで刊行された。

一連のミトラ神研究の活性化の背景には、イランからの資金援助があった。当時のイランは、パフラヴィー朝（一九二五―七九年）の下にあり、この王朝はイラン人のナショナリズムを鼓舞するため一九七一年にイラン建国二五〇〇年を祝ったが、「国際ミトラ神研究学会」の支援もその一環だったのである。第二回の学会がテヘランで開かれたのはそのためであり、また「第一回国際ミトラ神研究学会」の成果として一九七五年に出た全二巻の『ミトラ研究（*Mithraic Studies*）』は、パフラヴィー朝最後の皇后ファラー・パフラヴィーに献呈されている。イラン人には、祖先の神ミスラの信仰が一時はヨーロッパを席巻したことが誇らしかったのであろう。しかし、皮肉なことに、ミトラス教研究の活性化は、ゴードンとヒネルズに端を発したマズダー教とミトラス教との関係を疑問視する方向へと

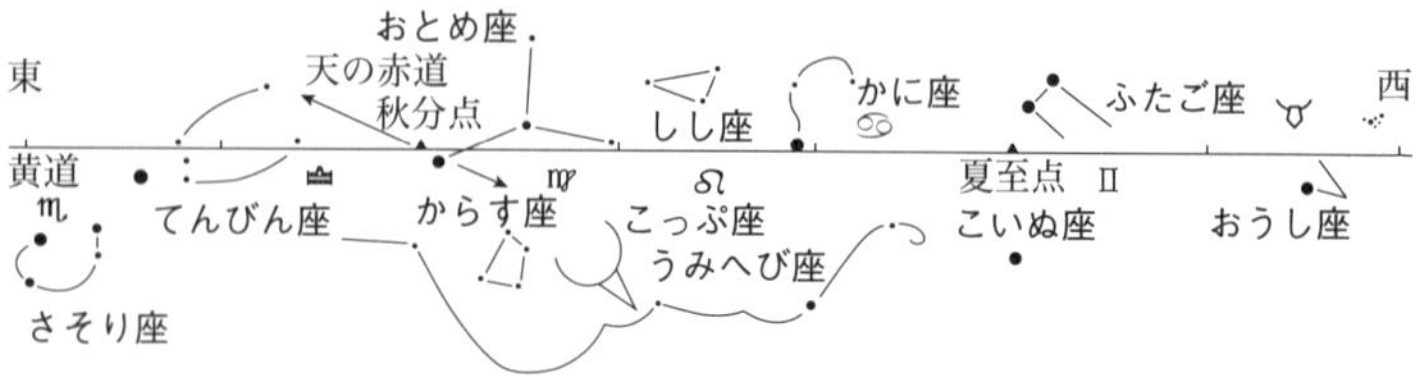

図0-6 黄道に沿って並ぶ星座

流れていくことになった。

天文学的・占星術的解釈への傾斜

そうして、この方向性の行き着いた先は、マズダー教とミトラス教の関係を完全に否定し、ミトラス教の実態は、ローマ世界で生み出された星辰《せいしん》崇拝に他ならないとするものであった。

牡牛殺しの図像には、牡牛とカラス、ヘビ、イヌ、サソリ、混酒器、ライオンなどが登場するが、興味深いことに、天上には、おおむね黄道に沿って、これらに対応する星座が存在する。すなわち、牡牛＝おうし座、カラス＝からす座、ヘビ＝うみへび座、イヌ＝こいぬ座、サソリ＝さそり座、混酒器＝こっぷ座、ライオン＝しし座である（図0－6）。キュモン説が一九七〇年代に勢いを失った後に現れてきたのは、この偶然とは思われない対応関係に意味を認めるところを出発点とする学説であった。

イラン学者のS・インスラーは、牡牛殺しは、冬の星座であるおうし座の没を意味すると考えた。さらにイランでは、冬を悪、夏を善とする思想があることから、ミトラス神は、牡牛を殺すことで、悪しき冬を倒していると解釈したのである。

牡牛殺しに現れるカラスやサソリなどには、対応する星座があるが、ミトラス神に当たる星座は存在していない。では、ミトラス神に当たる星座は何なのか。この点を追求したのがローマ軍制史を専門とするM・P・シュパイデルと宗教史家のD・ウーランジィである。シュパイデルは、オリオン座がまさに牡牛と戦っているような位置関係にあることから、ミトラス神に当たるとした。そして、オリオンの神話とミトラス神話との共通点を指摘して、ミトラス教は実はオリオン崇拝に他ならないと結論付けた。

他方、ウーランジィは、ミトラスに当たる星座をペルセウス座と同定した。ペルセウス座は、あたかもミトラス神が牡牛に乗るかのように、おうし座の真上に位置しているからである。さらに牡牛殺しの意味についても、特異な解釈を示した。

ウーランジィによれば、牡牛の死は、春分点がおうし座（金牛宮）にあった時代の終わりを意味するというのである。春分点は、歳差から周期的に移動し、現在はうお座（双魚宮）にあるが、ローマ時代にはおひつじ座（白羊宮）に、そしてそれ以前の時代にはおうし座にあった。分点が移動する現象は、前二世紀後半に天文学者ヒッパルコスによって発見されたが、ウーランジィは、この発見がミトラス教の誕生に繋がったと考えた。分点が移動する現象を知った小アジア中南部の都市タルソスのある知識人が、その原因が歳差にあるとは考えず、ペルセウス神が天空自体を動かしたと想像したのである。その結果、この天空すらも動かす強大な神ペルセウスを信仰する宗教が生まれた。これがミトラス教なのであるが、ペルセウス教とされなかったのは、この新宗教により神秘的なイメージをもたせるために、ペルセウスの名がミトラスに変えられたからであった。

もちろん、このような見方は極端なものではあるが、他方でキュモンのようにミトラス教をマズダー教の一派とみることもまた、今ではもう一方の極端な見方となっている。

現在、英語では、R・ベック『ローマ帝国におけるミトラス教』(二〇〇六年)、ドイツ語ではR・メルケルバッハ『ミトラス』(一九八四年)とM・クラウス『ミトラス——信仰と密儀』(二〇一二年)、フランス語ではR・テュルカン『ミトラとミトラス教』(改定第四版二〇〇四年)などが、代表的なミトラス教の研究書であるが、テュルカンが比較的キュモン説に近いものの、その他の研究はキュモン説からは大きく離れてしまっている。

一九九〇年代には、新たなミトラス教の遺跡、遺物の発見が続いた。トルコ南東部のドリケでは、紀元前に遡る可能性のある自然洞窟を利用したミトラス神殿が発見され(一九九七年)、シリアのハワルテでは、これまで知られていなかったミトラス神をめぐる神話を描いた壁画が見つかった(一九九八年)。またオーストリアのウィルヌム遺跡からは、九八名ものミトラス教徒の名を刻んだ青銅板が出土している(一九九二年)。さらに、エジプト中部のヘルモポリスに由来するミトラス教の教理問答書の一部とされるパピルスも公刊(一九九二年)された。本書では、以下、これら最新の知見も取り込みつつ、謎の多いミトラス教の実像に迫っていきたい。

第I章

古代オリエント世界の信仰

——密儀宗教化前夜

図 **I-0**　トルコのネムルート山の神像

都市と民族の神々

古代オリエントの神々は、都市や民族との結びつきが強かった。

メソポタミア地方で最古の文明を築いたシュメール人には、天の神アン、地の神エンリル、月神ナンナ、太陽神ウトゥ、金星の神イナンナなどがいたが、それぞれの神は特定の都市国家の守護神でもあった。例えば、ナンナはウルの守護神、エンリルはニップルの守護神、イナンナはウルクの守護神だったのである。そのため神々は、それぞれの都市国家の盛衰に応じて、神界での地位を変えていった。シュメールの最高神はもともとエンリルであったが、初期王朝時代（前二九〇〇—前二三五〇年）にウルクの勢力が大きくなると、その守護神イナンナはエンリルと同等の地位に挙げられ、後にウル第三王朝（前二一〇〇—前二〇〇四年）がシュメールの世界を政治的に統一すると、その守護神ナンナは、「エンリルの長子」となったのだった。

シュメール人の勢力が衰えると、アムル人の都市国家バビロニアが前一八世紀にメソポタミアに覇を唱えた。すると、今度はバビロニアの守護神であるマルドゥクがメソポタミアの最高神となる。同様に、前七世紀に全オリエントを征服したアッシリア帝国も、もとはメソポタミア北部の一都市国家であり、やはり独自の守護神アッシュルを有していた。したがって、アッシリアの政治的拡大はすなわちメソポタミアの神界でのアッシュル神の地位向上を意味したのである。

しかし、これらメソポタミアの神々は、各々の都市国家の隆盛に伴って神々の中での地位を上げたとしても、都市の守護神の性格を抜け出すことはできず、普遍的な神となることはなかったとされている。そのため、シュメールの神々も、バビロニアのマルドゥク神もアッシリアのアッシュル神も、それぞれの都市国家が衰微した後には、その勢力を維持することは難しかったのである。

一方、古代エジプトでは、都市国家が発達せず、統一国家を長く維持したため、その神々は民族神の性格を有していた。太陽神ラーや冥界の神オシリス、女神イシスなどは、エジプト全土の神々であった。しかし、エジプトの国外への勢力伸長は限られていたうえ、エジプト人の習俗のままで、時に動物の頭をした神々は、あまりにエジプト的過ぎたためであろう、ヘレニズム時代以前に、エジプトの領域、ないしエジプト人の間を超えてその信仰が広まることはほとんどなかった。

アッシリアを継いで、エジプトを含む古代オリエントを前六世紀半ばに統一したアケメネス朝ペルシアの神々は、特定の都市と結びついていなかったが、それにはやはりペルシア人が都市国家を営まず、部族社会のままであったことが関係していたのであろう。この点では、エジプトの状況に近かったが、しかしその神々は、エジプトの神々のように人格化されておらず、自然崇拝に近いものであった。紀元前五世紀に生きた歴史家のヘロドトスによれば、ペルシア人は「偶像をはじめ神殿や祭壇を建てるという風習をもたず」（『歴史』第一巻一三一、松平千秋訳）、天空や太陽、月、大地、火、水を祀っていたのである。したがって、ペルシア人の神々は、メソポタミアやエジプトのそれよりもはるかに普遍的な性格が強かったと言えるだろう。しかし、それでもなおペルシアの神々がペルシア帝国の領域を超えて広まることはほとんどなかったのである。

ペルシアの民族神から密儀宗教の主神へ

その唯一の例外として東西に大きくその崇拝を広げたのがミトラ神だった。ミトラ神は東に向かっては、中央アジアを経て、日本にまで到達した。アフガニスタンの世界遺産バーミヤンの東大仏の頭上には、四頭立ての馬車に乗る太陽神ミトラの姿が描かれ（図I－1）、平安期から室町期にかけて日記として用いられた具注暦の日曜日の欄に記された「蜜」は、中世ペルシア語の一派ソグド語のミール、すなわち太陽神ミトラのことに他ならない（図I－2）。

他方、西方でのミトラ神は、キュモンによれば、前二世紀には小アジアで密儀宗教ミトラス教の神に変貌し、やがてローマ帝国に広まった。ミトラス教のミトラス神は、牡牛を殺す姿で表され、洞窟を模した神殿の中で男性だけに崇拝されており、信者には七つの位階が存在したが、密儀宗教化する

図I-1a バーミヤンの太陽神（7世紀）

図I-1b バーミヤンの太陽神の壁画スケッチ

以前のミトラ神、そしてその崇拝はこのような形はとっていなかったのである。しかし、前章で見たように、現在ではミトラ神とミトラス神の連続性を前提とするキュモンの説は批判され、両者の関係を否定する見方すら出てきている。本章では、先行する諸説の検討も兼ねて、古代オリエントの時代からヘレニズム時代の前一世紀に至るまでのミトラ神の歴史を辿ってみたい。

インド・イラン人の神ミトラ

ミトラ神の歴史は、ペルシア人の先祖であるインド・イラン人が存在していた時代にまで遡る。

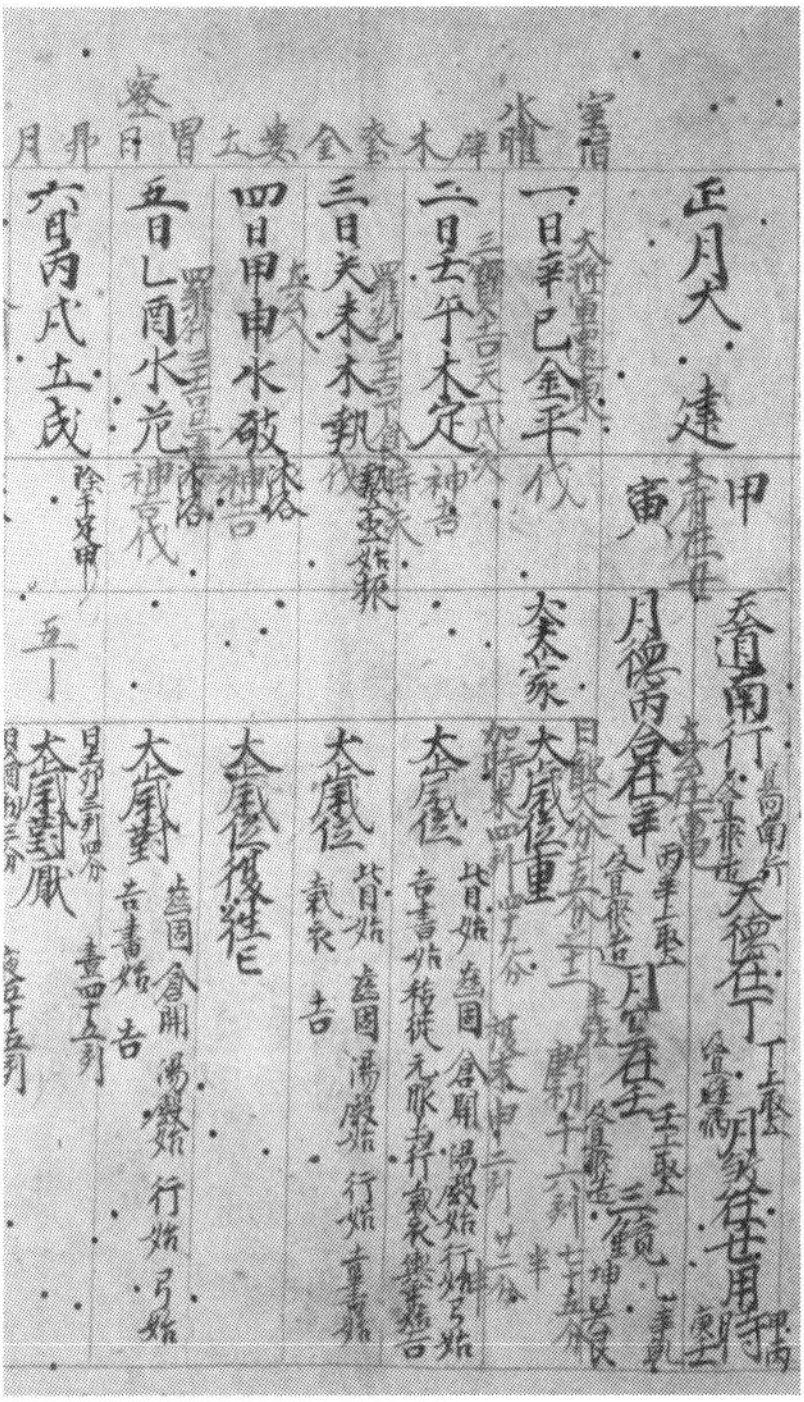

図I-2「蜜」と記されている具注暦（『満済准后日記』応永二十（1413）年正月）

インド・イラン人は、現在のインドやイランに住むインド・ヨーロッパ語族の言語を用いる人々の共通の先祖で、前二千年紀に黒海北岸の現ウクライナのステップ地帯にいたと推定されている。彼らは、やがてこの原住地から移動を始め、一部の者はインドに、別の一部の者はイランに向かった。しかし、インドに向かった者たちは、途中でさらに分岐して、古代オリエントのメソポタミア地方に姿を現した。

ミトラ神が初めて姿を現すのは、このメソポタミア地方の北部にあったミタンニ王国に関係する史料においてである。その史料とは、ミタンニ王シャティワザと小アジアの強国ヒッタイトの王シュッピルリウマ一世との間で前一四世紀半ばに結ばれた条約である。条約の文中では、両国がそれぞれの神々にその遵守を誓うが、ミタンニ側が挙げる神々の中に「Mitra, Uruwana, Indar, Nasattiya」の名が出てくる。このうちの「Mitra」がミトラ神なのである。「Uruwana, Indar, Nasattiya」も、その音からインド神話に登場するヴァルナ神、インドラ神、ナーサティア双神に相当するのは明らかであり、コーカサス系のフリ人の国家だったミタンニの支配者層にインド人の一派が入り込んでいたことは疑いないだろう。ただ残念なことに、この条約文には、神名が列挙されているだけなので、この段階でのミトラ神の性格については、はっきりしない。

さえない神——古代インドのミトラ

インドに入ったインド・イラン人もやはりミトラ神を崇拝していた。その姿は、神々への讃歌集『リグ・ヴェーダ』に伝えられている。『リグ・ヴェーダ』の成立年代は、前一二〇〇年頃とされているので、これがヒッタイト・ミタンニの条約に次いで、ミトラ神の現れる二番目に古い史料となる。『リグ・ヴェーダ』には、一〇二八篇の讃歌が含まれるが、ミトラ神単独への讃歌（三・五九）は、次の一篇のみである。

一　〔契約の〕名にし負うミトラ（「契約」）は、人々をして互いに合意せしむ。ミトラは天と地とを支う。ミトラは瞬きせず、諸民を見守る。グリタにみつる供物をミトラに捧げよ。

二　ミトラよ、掟に従いてなれに奉仕する人は卓越してあれ、栄養に富む者として、アーディティア（ミトラ）よ。なが支援を受くる者は殺さるることなく、克服せらるることなし。困厄の彼に達することなし、近くよりも、遠くよりも。

三　病患なく、強壮の飲料に酔いつつ、地の面《も》の拡がるかぎり鞏固《きょうこ》なる膝もて立ち、アーディティアの掟を固く守りつつ、われら願わくは、ミトラの好意に住せんことを。

四　頂礼《ちょうらい》にふさわしく、仁慈に富むこのミトラ、正しく支配する王者は、促進者として生まれいでたり。われら願わくは、祭祀に値いする彼の好意に、その吉祥なる友誼に住せんことを。

五　偉大なるアーディティア（ミトラ）は、頂礼もて近づかるべし。彼は人々をして互いに合意せしめ、讃歌者に甚だ仁慈なり。最も称讃に値いするこのミトラに、彼の好むこの供物を火中に捧げよ。

六　諸民を維持するミトラ神の支援は、勝利をもたらす。〔その〕天的光輝は最も多彩なる名声に富む。

七　その偉大によりて天を凌ぎ、名声によりて地を〔凌ぐ〕、広大なるミトラ、
八　援護の力ある〔この〕ミトラに、五民は服従せり。彼は一切の神々を支う。
九　ミトラは神々および人間のあいだに、好ましき掟（誓願）に適う栄養を作れり、〔祭壇〕に草を敷く人（祭祀者）のため。（辻直四郎訳）

一読しただけでは意味をとるのが難しいだろう。訳者の辻直四郎の解説では、ミトラ神は「元来「契約」、これによって結ばれた「盟友」を意味し、約束の履行を掟とし、友情・和合を司る」神であり、讃歌から読み取れる「この神にもっとも特徴的なことは、人々を合意・一致に導き、各人にその所を得さして和合せしめる点」にあるという。

他方、同じ『リグ・ヴェーダ』において、ミトラ神はヴァルナ神としばしばセットにされて、ミトラ・ヴァルナとしても讃歌が捧げられている。ヴァルナ神は、宇宙の理法と人間の倫理を監視し、これらを破る者を索縄で縛り上げ、厳しく罰する恐ろしい神である。地上を監視する彼らの目は太陽である。

ミトラ神は、このヴァルナ神とセットにされている時には、「最高の君主」と呼び掛けられ、「万有を支配す」るともされる（五・六三）。契約や人倫の遵守は、社会の秩序維持と不可分であり、これを監督する機能を人間の世界で果たす王との類似から、ミトラとヴァルナには、神々の王としての地位も与えられるようになったのであろう。ミタンニとヒッタイトの条約文で、彼らの名が先頭に挙げられているのも、その王としての地位のゆえと思われる。イランでは、ミトラは、王権を守護する神

にはっきりとなっていく。

フランスの神話学者G・デュメジルによれば、太古の原インド・ヨーロッパ語族の言語を用いる人々の社会は、神官と戦士、生産者の三つの階層から成っており、神々もまたこの三つの社会階層に対応して、祭司・支配権をもつ王に当たる神、戦いの神、豊穣の神に区分されていた。ミタンニとインドにおいては、王の神がミトラとヴァルナ、戦いの神がインドラ、豊穣の神がナーサティアとして現れていたのである。神々の王が二人いるのは、原インド・ヨーロッパ語族の言語を用いる人々の間では、王には、温和で、恩恵を与える面と厳しく暴力的な面の二つの側面があると考えられていたからだった。

ちなみに、古代ローマでは、ギリシア神話を早くに受けいれたため、独自の神話を発展させることはなかったが、デュメジルは、初期のローマを支配した王たちの事績に原インド・ヨーロッパ語族系の神話が反映されていると指摘し、初代の王ロムルスに恐ろしいヴァルナの姿を、二代のヌマ王に穏やかなミトラの姿を認めた。伝承によれば、ロムルスは弟のレムスを殺し、サビニ族の女性を略奪した荒々しい王であったが、ヌマはヌマ暦と呼ばれる宗教暦を定め、神々への礼拝の制度を整え、ロムルスの時代に好戦的であったローマ人の心を鎮めたとされている。

ミトラ神は、ヴァルナ神と共に最高神の地位にあったが、ミトラ神の歌が一篇にすぎず、ヴァルナ神単独の歌も八篇に留まったことから分かるように、彼らの人気はあまりなかった。ミトラ・ヴァルナのセットに捧げられた歌も二四篇しかない。これは、戦神インドラの歌が『リグ・ヴェーダ』全体の四分の一以上を占めるのとは著しい対照をなしている。この不人気の故か、ヴァルナ神は最高神でありながらも、後に仏教に取り入れられた際には、水との関わりが深かったために水天とされ、その低い地位に甘んじなければならなかった。

他方、ミトラ神は、インド経由で仏教に入った形跡はなく、イランを媒介としたとの説がしばしば提唱されてきた。イランにおけるミトラは、インドとは打って変わって、強力であり、人々の熱い尊崇を受けていたからである。

強力な神——『ミフル・ヤシュト』のミスラ神

ミトラ神の信仰は、インド・イラン人の移住によって、前一〇〇〇年頃にイランの地にももたらされた。イランでは、先に述べたように、この神はミスラと呼ばれた。インドと同じように、ミスラ神に捧げられた讃歌が残っている。それがゾロアスター教の経典『アヴェスタ』の一部を構成する『ミフル・ヤシュト』である。その成立年代については、前六世紀から前五世紀までの諸説があるが、いずれにしても『リグ・ヴェーダ』よりも時代はかなり下る。

『ミフル・ヤシュト』は、『リグ・ヴェーダ』の「ミトラの歌」に比べると量は相当に多い。野田恵剛の日本語訳では、上下二段組みで、しかも繰り返しの部分を省略した状態で二七頁もあるので、ここでは一部を引用するに止める。

広い安息地の主ミスラを我らは祭る。
彼は、正しく語り、雄弁なもの、

千の耳をもち、良く創られたもの、
万の目をもち、背が高く、
遠くを見張り、力強く、
不眠不休で、常に目覚めている。
残虐な敵軍に対して、
戦う両国の間の整列した前線に向かって、
戦いに赴く国主たちは彼を祭る。（第二編）
〔一部略〕
彼（ミスラ）は、ハラー山を越えて、
駿馬をもつ不死の太陽の前に昇った、
最初の霊界のヤザタ（神）である。
彼は、最初に、金色に塗られた頂を摑む。
そこから最強の者（ミスラ）はアーリヤ人の全土を見渡す。（第四編）
〔一部略〕
彼（ミスラ）は、罪人を罰し、軍を組織するもの、
千の生命力をもつ支配者、
有能で、全知者である。
彼は戦いを起こし、戦闘の中に立つ。

戦闘の中に立ち、戦列を破壊する。
戦いに放り込まれた戦列のすべての両翼は動揺する。
血まみれの軍の中央は揺れる。
彼は、彼らに恐れと恐怖を吹き込む。
契約を破る者たちの頭を投げ飛ばす。
契約を破る者たちの頭は飛んでいく。（第九編）

〔一部略〕

立ったまま見張りをし、
勇敢で雄弁なスパイであり、
水を満たし、呼ばれれば耳を傾け、
水を流し、草木を育て、
土地を耕し、雄弁で、
生命力に富み、決して欺されない者、
多くの生命力にあふれ、創造主の被造物である。（第一五編）

〔一部略〕

彼（ミスラ）は、速い者の中で最も速く、
誠実な者の中で最も誠実で、
勇敢な者の中で最も勇敢で、

雄弁な者の中で最も雄弁で、
願いを叶え、バターを与え、
畜群を与え、王権を与え、
息子を与え、生命を与え、
幸福を与え、最大の正義を与える。（第一六編）

〔一部略〕

アフラ・マズダーは四方を見守る者に、
千の能力と万の目を与えた。
そこでその両眼と能力によって
彼は、契約を損なう者、契約を破る者を発見する。
そこで彼の両眼と能力によって
万の密偵をもち、強く、全知で、決して欺されない（第二一編）

『リグ・ヴェーダ』よりもはるかに読みやすいとは思うが、ミスラ神の性格は多岐にわたっており、把握は容易ではない。イラン学者のI・ギルシェヴィチの整理に従うと、『ミフル・ヤシュト』のミスラ神は、契約と暁の光、生命と戦争の神である。

引用文からも明らかなように、ミスラ神はまずもって契約の神であり、千の耳と万の目により、また密偵を通して、これを破る者を見逃さない。ミスラの語根は、「交換する」を意味する*mei, あるいは*moiであったとされており、そこから転じて交わされる対象自体である契約の神となったのであろう。「不死の太陽」の前に現れる者とされていることから、ミスラ神は太陽神そのものではない。しかし「彼は、最初に、金色に塗られた頂を摑む」との表現は、ミスラ神が暁の光であることを示している。また、「千の生命力をもつ」、「生命力に富む」とされる生命の神でもある。引用はしていないが、ミスラ神は「すべての生き物の繁栄の保護者、監護者」(第一〇編)ともされている。同時に、ミスラ神は戦場に現れ、「戦列を破壊」し、「契約を破る者たちの頭を投げ飛ばす」恐るべき戦いの神であった。ミスラ神は、戦場では猪の姿をした勝利の神ウルスラグナを従える(第一八編)。戦神としての性格をミスラ神が強くもつようになっているのは、『リグ・ヴェーダ』との顕著な違いである。

一方で『ミフル・ヤシュト』に現れるミスラ神は、インドのミトラ神のように、最高神ではない。前章で言及したように、ゾロアスター教では、最高神はアフラ・マズダーであり、ミスラ神はその下位に位置するヤザタと呼ばれる神々の一柱となっていた。アフラ・マズダーは、インドのヴァルナと同じ神とされているので、ゾロアスターは、本来セットであったミトラとヴァルナを切り離して、ヴァルナを最高神に引き上げたことになる。とはいえ、ミスラは、同じ『ミフル・ヤシュト』において、「私〔アフラ・マズダー〕はそれ〔ミスラ〕を、私アフラ・マズダーと同じぐらい、祭祀にふさわしく、礼拝にふさわしいものとして創造した」(第一編)と歌われているように、かつての最高神であった名残をとどめている。あるいは、ゾロアスターが、ミスラをヤザタの地位に落としたにもかかわらず、ミスラは人気があり、ゾロアスターの死後、『ミフル・ヤシュト』が編纂された時には、再びその地位を向上させていたと言ったほうがよいかもしれない。

仏教に入ったミスラ神信仰？

そして、この『ミフル・ヤシュト』に見られるような、力強いイランのミスラが仏教に取り込まれたと考えられてきたのである。

もっともよく目にするのは、ミスラは弥勒菩薩として仏教に入ったとの説である。弥勒菩薩は、五六億七〇〇〇万年後に仏となって地上に姿を現し、人々を救うとされる救世主的な存在である。

弥勒菩薩＝ミスラ説の最大の根拠は、その音の類似である。弥勒菩薩は、サンスクリット語ではマイトレーヤ（Maitreya）、中期イラン語ではミフラク（Mihrak）、バクトリア語（現アフガニスタンの辺りで使われていた古代のイラン系言語）ではメートラゴ（Metrago）であり、これがミトラ、あるいはミスラ、バクトリア語のミイロ（Miiro）と似ているからである。しかし、弥勒菩薩とミスラを結び付ける、それ以上の有力な根拠があるわけではない。弥勒菩薩の個人名の意訳であり、その添え名ともなっている「無能勝（Ajita）」とローマ時代のミトラス神の称号「不敗の（Invictus）」との関係性、さらには両者に共通する救世主的な性格が指摘されることもあるが、確認できるミトラス教の東限はシリアであり、その影響が弥勒菩薩にまで及んだとは考えにくい。

ユニークな仮説は、『科挙』（一九六三年）の著者としてよく知られる東洋史学者宮崎市定の論考「毘沙門天信仰の東漸について」（一九四一年）に見られる。宮崎は、ミスラは、仏法を守護する四天王となったと主張した。四天王とは、毘沙門天（多聞天）、広目天、持国天、増長天である。論拠は二つある。ひとつは毘沙門天の原語ヴァイスラヴァナ（Vaisravana）を「ミトラ（Vaisra=Mithra）の精

図I-3 ミスラ神が描かれたカニシュカ王の貨幣

神をもつ者（vana=mano）」と解釈する言語学的なものであり、もう一つは四天王とミスラの性格の類似である。ミスラは、『ミフル・ヤシュト』によれば、「千の耳をもち」、「万の目をもち」とされていた。宮崎によれば、この性格は、「多聞」と「広目」に対応する。宮崎はまたミスラを「国家を護持する神であり、成長を司る神である」と見て、これらが「持国」と「増長」に関係すると考えた。ミスラは、イランではきわめて強力な神であったので、仏教がこの神を取り入れるに当たっては、その力を削ぐべく、その機能が四つに分割されたと推定したのである。しかし、それでもミスラの力はなかなか弱まらず、ミスラの本体とも言うべき多聞天が毘沙門天として四天王から独立し、唐代以後の中国で毘沙門天信仰が隆盛し、さらには日本にまで伝わったと論じたのであった。宮崎の説については、ゾロアスター教と飛鳥の石造物との関係を『火の路』（一九七五年）などで論じた小説家の松本清張はこれを「卓見」と高く評価し、他方で、美術史家の田辺勝美は「根本的に間違っている」とまで言い切り、田辺自身は、毘沙門天の正体はイラン系の財福の神ファッローとみなした。

ミスラは阿弥陀仏とも関係づけられてきた。阿弥陀仏の原語は、アミターバ（無量光）とアミターユス（無量寿）のアミタ（無量）に由来するが、前者のアミターバ（無量光）に光の神ミスラの影響を認めようとするのである。だが、この説も光という点以外に積極的な根拠はなく、アミターユス（無量寿）を含めて考えるならば、むしろアフラ・マズダーのほうが適当であろうとイラン学者の森茂男は論じている。アフラ・マズダーは、光明神であっただけでなく、無限の時間神ズルヴァンの性格も帯びていたからである。

弥勒菩薩や阿弥陀仏への信仰が発展したのは、クシャーナ朝時代（一—三世紀）の西北インドにおいてであったが、クシャーナ朝では、ギリシア・ローマのゼウス、ヘリオス、ヘラクレスやインドの仏陀やシヴァに加えて、イランのアフラ・マズダーやミスラも崇拝されていた。仏教の庇護者として名高いカニシュカ王は、自らの貨幣に太陽神としてのミスラの姿も刻ませており（図Ⅰ-3）、当時、仏教にミスラ神崇拝の影響があったとしても不思議ではない。しかしながら、現状では、上記のいずれの説も決定的な論拠を欠いていると言わざるを得ないだろう。

アケメネス朝の諸王とミスラ

イラン人の一派ペルシア人は、前五五〇年にアケメネス朝を興し、やがて古代オリエント世界を統一する空前の大帝国を築き上げた。ミスラは、この王朝の王によっても崇拝されていた。

初代のキュロスと二代のカンビュセスの信仰ははっきりしないが、ヘロドトスによれば、捨て子であったキュロスを育てた牛飼いは、ミスラにちなんだミトラダテスの名をもち、カンビュセスは、エジプトに遠征した際、メンピスの町で聖牛アピスを刺殺したとされており、ミスラの姿が見え隠れする。メルケルバッハは、カンビュセスがミスラの化身として牛殺しをしたのだと言う。

ちなみに、ヘロドトスは、ギリシア人として最初にミスラに言及した人で、ペルシア人は、ミスラを愛の女神アフロディテと同一視していたとするが、アフロディテに当たるペルシアの神は水の女神アナーヒターであり、誤った情報を伝えている。

三代のダレイオス一世（在位前五二二―前四八六年）は、熱心なアフラ・マズダー神の崇拝者であった。ペルセポリス碑文には「諸神中の最大者なる、偉大なるアウラマズダー――そは王ダーラヤワウ〔ダレイオス一世〕を授与し給い、そはかれに王国を授け給うた。アウラマズダーの御意によってダーラヤワウは王（である）。（一―五）王ダーラヤワウは告げる、余にアウラマズダーの授け給うた、馬に富み人に富む美しきこの邦《ダフユ》パールサは、アウラマズダーの御意により、かつまた王ダーラヤワウたる余の（それ）により、他のものを恐れるものでない」（伊藤義教訳）などとあり、ダレイオス一世は、自身がアフラ・マズダーの庇護を受けていることを強調している。ダレイオス一世は、徹底的なアフラ・マズダー信仰を説く、本来のゾロアスターの教えに近いものを奉じていたように見える。

しかし、碑文の訳者である伊藤義教は、ダレイオス一世もミスラとの関係をもっていたと指摘している。ヘロドトスの『歴史』（第三巻八四―八六）によれば、ダレイオス一世は、カンビュセスが死去した後、直系の後継者が不在であったため、一族の者と王位を争ったが、その際、競争者である六人と共に「遠乗りを試み、日の出とともに最初に嘶《いなな》いた馬の主が王位に即く」（松平千秋訳）ことにした。策略を用いた結果、ダレイオス一世の馬が最初に嘶き、それと同時に「雲一つない空から稲妻が閃き雷鳴が轟いた」（同訳）とされている。伊藤は、日の出の太陽はミスラを指しており、また稲妻はミスラの武器であることから、ダレイオス一世はミスラの力で王になったと論じ、「ミスラ神はアルタクシャサ（アルタクセルクセス）二世にいたってはじめて碑文にあらわれるが、ミスラ神への信仰がそのときはじめて擡頭したわけではない」と結論付けたのである。仮に、ダレイオスの宗教がゾロアスター教であったとしても、ゾロアスター教は、ミスラを初めとする他の神々の存在を認めないものではなかったので、ダレイオスとミスラの間に関わりがあってもおかしな話ではない。実際、ダレイオス一世の時代にも、公的にミスラ神への供物が捧げられていたことは、ペルセポリスから出土した粘土板から確認できる。

伊藤が言及するように、ミスラ神の名を碑文に初めて刻んだのは、第七代のアルタクセルクセス二世（在位前四〇四―前三五九年）だった。アルタクセルクセス二世は、焼け落ちていた宮殿のアーパダーナ（高閣）を再建したことを碑文の中で次のように述べる。

このアーパダーナは余の高祖ダーラヤワウ〔ダレイオス〕（一世）が造営した。のち、余の祖父アルタクシャサ〔アルタクセルクセス〕（一世）のとき、それは焼けた。アウラマズダー、アナーヒターおよびミスラの御意によって、このアーパダーナを余は造営した。（三―四）アウラマズダー、アナーヒターおよびミスラは余をあらゆる不祥より守り給え、そして余が造営したところのこれ（アーパダーナ）を、かれらが打ち倒し給うことなかれ、毀《こぼ》ち給うことなかれ。（四―五）（伊藤義教訳）

このようにミスラは、アフラ・マズダーと女神アナーヒターと共に、王を守る神としてその名が挙がるようになる。ミスラのみ、あるいはアフラ・マズダーのみに呼びかける碑文もある。アルタクセルクセス二世の後継者であったアルタクセルクセス三世（在位前三五九―前三三八年）の建てたいくつかの碑文にも、やはり王権の守護者としてミスラとアフラ・マズダーの名が見られる。

アケメネス朝は、ギリシアの北方にあった小国マケドニアのアレクサンドロス大王によって滅ぼされるが、最後の王ダレイオス三世（在位前三三六―前三三〇年）にまつわるエピソードにもミスラが姿を現す。

ダレイオス三世は、ローマ時代の歴史家クルティウス・ルフスの『アレクサンドロス大王伝』（第四巻一三―一二）によれば、アレクサンドロス大王との決戦に先立って「太陽神とミトラ神および神聖にして永遠の火に呼びかけ、過去の栄光と父祖の偉業にふさわしい武勇を兵士たちの心に吹き込んでくれるよう祈った」（谷栄一郎訳）とされる。またプルタルコス（五〇年以前―一二〇年以後）の『英雄伝』「アレクサンドロス」（第三〇章）では、ある宦官から情報を引き出す際に、ダレイオス三世は「ミトラの大いなる光明と王の右手に誓って」（城江良和訳）嘘偽りなく答えよ、と口にするのである。

前者のエピソードからは、ミスラが王権の守護者、あるいは戦神であったことが分かり、後者からはミスラが「契約」、「約束」の神であったことが窺える。前五世紀のクセノフォンも、その『キュロスの教育』や『家政論』において、ペルシア人がミスラに誓って約束をしていたことを伝えている。

ミスラ神の祭り

アケメネス朝の時代には、ミトラカーナと呼ばれるミスラの祭りも祝われていた。アテナイオスの『食卓の賢人たち』（第一〇巻四三四f）が引用する前三世紀の歴史家サモスのドゥリスの記述によれば、この日にはペルシアの「王のみが酔い、ペルシア舞を舞う」（柳沼重剛訳）とされる。また一世紀の地理学者ストラボンは、ミトラカーナのために、アルメニアの総督は、毎年二万頭の子馬をアケメネス朝の都ペルセポリスに送っていたと伝えている。アルメニアは、馬の産地として名高かった。馬は、太陽神の乗る戦車を引く動物と考えられていたので、この点を勘案すれば、ミスラと馬とのつながりが見えてくる。

ミトラカーナは、古代においてはミスラの月のミスラの日とされた秋分の日に行われ、春分の日に催された新年の祭り（ノールーズ）と並んで、盛大に祝われていた。現在のゾロアスター教徒の間でも、ミトラカーナの習慣は残っているが、暦のずれから二月の初旬に行われるようになっている。祭りの初日には、ヒツジ、あるいはヤギが犠牲として捧げられるが、この犠牲式は、本来は、秋の収穫の後、その血で再び大地に生命力を与えることで、翌年の豊作を願うという意味が込められていたのであろう。

ヘレニズム時代のミスラ神

アケメネス朝の領土内では、王室を超えて、ミスラの崇拝が広がっており、アレクサンドロス大王によってこの王朝が征服され、ヘレニズム時代が始まった後でも、その旧領内ではミスラ神崇拝が存続した。アレクサンドロス大王の死後、アケメネス朝の旧領の大部分を一時手中に収めたのはセレウコス朝であったが、ミスラ神崇拝の痕跡が認められるのは、このセレウコス朝から独立したパルティア、コンマゲネ、ポントゥスなどの諸王国においてである。順に見ていこう。

ミトラダテスの名をもつ王たち

パルティアは、カスピ海南東岸に住んだイラン系遊牧民パルニ族が前三世紀半ばに建てた王国である。始祖の名をとってアルサケス朝とも呼ばれる。前二世紀には、イランとメソポタミアをセレウコス朝から奪ってその領土とし、前一世紀以後は、二二四年にササン朝によって滅ぼされるまで、ローマとユーフラテス川を挟んで対峙した。

この王国では、ミトラダテスというミスラにちなむ名をもつ王が四名おり、ミスラの信仰が王室内で維持されていたことを窺わせる。パルティアの王の名は四〇人知られているが、ミトラダテスは、フラーテス（五名）に続いて二番目に多い名である。梵語学者で、イランの宗教にも造詣が深かった足利惇氏《あつうじ》は、「同王朝の王名に、幾多の「mitradates」（即ち、ミスラに与えられたる者）の名称のあることは、ミスラ崇拝の盛んなことを物語っている」、さらには「イラーンに於けるミスラ信仰の極盛の時代は、ヘレニスチック〔ヘレニズム〕文化の影響の最も深かったアルサシード〔アルサケス〕王朝時代と思われる」とするが、しかし、足利自身がこの点も指摘するように「文献的に是を証明することは出来ない」。

一世紀のストラボンは、ペルシア人は「ミトラスと呼ばれている太陽」を崇拝していたとしており、パルティア時代には、ミトラ神は太陽と同一視されるようになっていた。

ネムルート山のミスラ

コンマゲネ王国は、前二世紀前半に現在のトルコ東部に興り、後七二年にローマ帝国に併合されて、滅んだ国家である。

この国のアンティオコス一世（在位前六九年頃—前三四年頃）は、ネムルート山の山腹標高二一〇〇メートルのところに自らの王墓を築いた。王墓は、現在、ユネスコの世界遺産に登録されている。山

図I-4 ネムルート山の神像

腹の東西にテラスがつくられ、東西ともそのテラスには、巨大な神像や神々と王が握手する浮彫、また自身の先祖の像が置かれた（図Ⅰ－4）。神像は五体あり、現在は胴体から首が転げ落ちている。うち一体は、王自身の像であるが、残りの四体は神々の像で、出土した碑文からは、それぞれ「アルタグネス・ヘラクレス・アレス」、「アポロン・ミトラス・ヘリオス・ヘルメス」、「ゼウス・オロマスデス」、「コンマゲネ」の像であったことが分かっている。地域を神格化した「コンマゲネ」を除いて、他の三柱の神々は、同一の性格をもつイランとギリシアの神々の名前を並列した形になっている。コンマゲネの王家は、自らの血筋がマケドニアとアケメネス朝に由来することを誇っており、そのため神々もまたギリシアとペルシアの名が並列されたのである。

「アルタグネス・ヘラクレス・アレス」は、アルタグネ

図I-5 ネムルート山のミトラス神像

図I-6 アンティオコス1世と握手するミトラス神（右）

スがイランの神、ヘラクレスとアレスはギリシアの神で、彼らは皆、戦神である。「ゼウス・オロマスデス」のゼウスは、言うまでもなく有名なギリシアの最高神であり、オロマスデスはペルシアの最高神アフラ・マズダーのことである。

そして、問題のミスラは、「アポロン・ミトラス・ヘリオス・ヘルメス」と呼ばれている。ミスラと同一視されているアポロンとヘリオス、ヘルメスは、いずれも太陽神である。アポロンとヘリオスが太陽神であることはよく知られているだろう。ヘルメスは、一般的には神々の使者とされているが、占星術では、ヘルメスは水星に当たり、太陽に近い水星は同時に「太陽の星」と考えられていたので、やはり太陽神である。したがって、コンマゲネ王国では、ミスラは太陽神とみなされていたことになる。

「アポロン・ミトラス・ヘリオス・ヘルメス」の神像は、ひげのない若い男性で、頭にはローマ時代のミトラス神と同じくフリュギア帽子を被っている（図Ⅰ－5）。「アポロン・ミトラス・ヘリオス・ヘルメス」は、王と握手する姿でも浮彫に描かれているが（図Ⅰ－6）、こちらでは光線を頭から発しており、この神が太陽神であることが明示されている。握手は、古代においては挨拶としての日常的動作ではなく、盟約や同盟を示す特別な行為であり、王は王権を守護する太陽神ミスラと友人、あるいは同盟者となることで、自らの権威を高めているのであろう。握手するミスラには、契約、太陽、王権といったミスラのもつ様々な属性が一度に現れていると言えるだろう。

ローマの宿敵の神

トルコ東北部にあったポントゥス王国も、前二八一年にセレウコス朝から独立して成立したが、やはり最後はローマに滅ぼされた。この国でも、ミトラダテスと名乗る王が六名おり、パルティアと同様、ミスラ崇拝が王室内に存在していたことは明らかである。このうち第六代のミトラダテス・エウパトル（在位前一二〇―前六三年）は、当時、小アジアに進出しつつあったローマに最も激しく抵抗した王であったが、興味深いのは、この王と手を組み、ローマの将軍ポンペイウスに前六七年に討伐されたキリキア地方（トルコ南西部）の海賊とミスラとの繋がりである。

キリキアの海賊とミトラス教？

プルタルコス（五〇年以前―一二〇年以後）の『英雄伝』「ポンペイユス」（第二四章）には「キリキ

アの海賊たちは異国風の犠牲式をオリュンポスで行い、またいくつかの秘密の儀式も執行していたが、そのうちミトラに対する秘密の儀式は、彼らが最初に創り出したもので、今日まで存続している」（拙訳）との記述がある。ここで言及されている「ミトラに対する秘密の儀式」がミトラス教そのものであるとするならば、ミトラス教はキリキアの海賊によって前一世紀に創始されたことになる。

しかし、ここで「彼らが最初に創り出したもので」と筆者が訳した部分については異なる訳もある。岩波文庫の河野与一の訳では、「この連中が最初に受容れてから」とあり、ちくま学芸文庫の吉村忠典訳では「彼らが最初に輸入したもので」とあり、一方、京都大学学術出版会の西洋古典叢書の城江良和の訳では「彼らを通して初めて知られるようになり」とあるのである。河野と吉村の訳はほぼ同じことを言っているが、城江とは異なっている。

このように訳の違いが生まれる理由は、「創り出したもので」、「受容れてから」、「輸入したもので」、あるいは「知られるようになり」に当たる原文のギリシア語の単語 katadeiknumi がいずれともとれるからである。定番のリデル・アンド・スコットの『ギリシア語・英語辞典』を引くと、この単語には、to invent, to introduce, あるいは to make known などの意味が出てくる。to invent の意味でとれば、拙訳となり、to introduce でとれば、河野・吉村訳になるし、to make known であれば、城江訳となるのである。だが、河野・吉村訳、あるいは城江訳には共通の問題がある。それは、彼らの訳に従うと「ミトラに対する秘密の儀式」がキリキアの海賊の下ではない、どこか別の場所で発生したと考えなければならなくなることである。いったいキリキアの海賊は、いつ、どこから「ミトラに対する秘密の儀式」を自分たちのところに持ち込んだのだろうか。既存の邦訳では、謎が発生してしまうのである。

そのため、筆者としては、katadeiknumi を to invent の意味にとり、「ミトラに対する秘密の儀式は、彼らが最初に創り出したもの」と訳したのである。こうすることで、新たな謎を発生させることはなくなる。ちなみに、これも定番のギリシア・ローマの古典の英語対訳叢書ロエブ・クラシカル・ライブラリーに入っている英訳は、肝心の部分を「instituted（制度として整えられたもので）」と訳しており、拙訳と同じ解釈をしている。

拙訳に基づいて話を進める場合、次に問題となるのは、キリキアの海賊によって創始された「ミトラに対する秘密の儀式」が、果たしてローマ帝国時代の密儀宗教ミトラス教と同じものなのか、ということである。

プルタルコス自身は、「ミトラに対する秘密の儀式」は、「今日まで存続している」と言っているので、そう考えていたようである。ここで言及されている「今日」とは、彼が生きた紀元後一世紀から二世紀初めのことであるが、この時まで存続していた「ミトラに対する秘密の儀式」は、海賊が創始した「ミトラに対する秘密の儀式」がキリキア地方でローカルな形で生き延びたものではなく、プルタルコスが九〇年頃にローマ市に滞在した折に目撃したであろう密儀宗教ミトラス教――プルタルコスが生涯の大部分を過ごしたカイロネイアには、ミトラス教が存在した痕跡はない――のことと推定できるからである。そうでなければ、わざわざ「ミトラに対する秘密の儀式」の存続を特記する必要はなかっただろう。キリキア地方の都市タルソスでは、三世紀のゴルディアヌス三世の治世（二三八―二四四年）に、「牡牛を殺すミトラス神」の像を刻んだ青銅貨が発行されたが（図Ⅰ-7）、これは、

図I-7 牡牛を殺すミトラス神の像を刻んだ青銅貨

この都市の有力者で、かつミトラス教徒だった者がプルタルコスの記事をミトラス教の創始のそれと読み、都市当局に働きかけた結果だったのだろう。

フランスのミトラス教学者R・テュルカンも、問題のプルタルコスの証言に、ミトラ単体に対する儀式への言及、海賊という男性ないし兵士の宗教という面、そして、秘密の儀式の執行を認め、「ミトラに対する秘密の儀式」をミトラス教と同定し、ミトラス教は前一世紀の小アジアの反ローマ的環境の中で生み出されたと指摘している。

しかし、このように考えると、考古学史料との乖離を説明しなければならなくなってくる。前章で言及したように、確実に密儀宗教ミトラス教のものと同定できる考古学的遺物が出現するのは、紀元後一世紀後半であり、奇妙なことに、キリキアの海賊の時代からは優に一〇〇年以上経っているからだ。キュモンがこの空白を埋めることに情熱を注いだが、結果が伴わなかったことも先に述べた通りである。なぜ一世紀以上の空白があるのだろうか。

「ミトラに対する秘密の儀式」の実態

この問題を解決するには、キリキアの海賊が創始した「ミトラに対する秘密の儀式」は、ミトラス教ではなかったと考えるほかないだろう。

「ミトラに対する秘密の儀式」の実態については、ここで分析を進めている問題の一文「キリキアの海賊たちは異国風の犠牲式をオリュンポスで行い、またいくつかの秘密の儀式も執行していたが、そのうちミトラに対する秘密の儀式は、彼らが最初に創り出したもので、今日まで存続している」をその文脈も含めて考察することで、ある程度は明らかになる。

キリキアの海賊は、「ミトラに対する秘密の儀式」の他にも、「異国風の犠牲式」を行っていたが、実はこの「異国風の犠牲式」に当たると思われるものを、一世紀の地理学者ストラボンがその『ギリシア・ローマ世界地誌』において伝えている。ストラボンによれば、同じ小アジアのカッパドキア地方にいたマゴスと呼ばれるペルシアのマズダー教の神官たちは「供犠にあたって剣を使わず、木の幹のようなものをちょうど棍棒のように使って犠牲獣をなぐる」（第一五巻第三章四―一五、飯尾都人訳）とされている。剣を使って犠牲獣を殺すのはギリシア風であり、木の幹を使うのが「異国風の犠牲式」なのであろう。つまり、プルタルコスの言う「異国風」とは、ペルシア風のことなのである。カッパドキア地方からは、サガリオスなる人物がミトラ神に対し「マゴスの儀式を行った」と記されたギリシア語の碑文も出土しているが、この「マゴスの儀式」もおそらくはペルシア風の木の幹を使った犠牲式を意味していると思われる。

また「異国風の儀式」が行われたとされるオリュンポスは、海賊がその根拠地とした都市の名ととることもできるが、同地方にあった山の名と解することもできる。山上で宗教儀礼を行うのも、ヘロドトスが『歴史』に「高山に登ってゼウス〔アフラ・マズダー〕に犠牲をささげて祭るのが彼ら〔ペルシア人〕の風習である」（第一巻一三一、松平千秋訳）と書いているように、やはりペルシア的な習慣である。

他方で、分析を続けている問題の一文の前には、「それまで不可侵とされながら彼ら〔キリキアの海賊〕の標的となり劫掠《ごうりゃく》を許した聖所を挙げれば、クラロスとディデュメとサモトラケ島の各神域、ヘルミオネのクトニア神殿、エピダウロスのアスクレピオス神殿、コリントス地峡とタイナロスとカラウリア島の各ポセイドン神殿、またアポロン神殿ではアクティオンとレウカスにあるもの、ヘラ神殿ではサモスとアルゴスとラキニウムにあるもの」(城江良和訳)とある。すなわちプルタルコスはここでキリキアの海賊は、ギリシアの伝統的な聖域を荒らす一方で、彼ら自身はオリュンポス山で異国のペルシア風の宗教儀式を行っていたと述べているのである。この点でも、ギリシアとペルシアが意図的に対比されているのは明白であろう。

以上のように考えるならば、「いくつかの秘密の儀式」も、「異国風の犠牲式」と同様に、ギリシアとの対比の中にあり、やはりペルシア風なもので、ミスラを初めとしたアフラ・マズダーやアナーヒターなどのペルシアの神々のために行われたものだったと推定できるのではないか。プルタルコスの文章では、ミスラに対するものだけが特別なものであったように書かれているが、それはプルタルコスがこれを密儀宗教のミトラス教と直接に結びつけた結果である。現に、問題の「そのうちミトラに対する秘密の儀式は、彼らが最初に創り出したもので、今日まで存続している」の一文は、原文ではその直前の文と関係代名詞でつながっており、それまでの説明に対しあくまでもプルタルコス自身の主観で付け足したにすぎない。

したがって、キリキアの海賊自体は、様々なペルシアの神々に対してペルシア風の「秘密の儀式」を行っていたのであり、「ミトラに対する秘密の儀式」だけを特別視して、これだけを入念にギリシア風の密儀宗教の形態に整えていたとは思われないのである。つまり、この「ミトラに対する秘密の儀式」は、「牡牛を殺すミトラス神」の像や洞窟状の神殿、さらには位階制度などをもっていた密儀宗教ミトラス教と呼び得るようなものではなかったのだろう。考古学史料が見つからないのも当然のことなのである。それは、あくまでもミトラス教の淵源のひとつであり、これがミトラス教になるには一段の大きな飛躍が必要であった。この飛躍が何であったのかは、次章で明らかにしたい。

ミトラ崇拝とミトラス教の連続と非連続

ここまで見てきたところからは、前一世紀以前のミトラ神には、太陽神や戦神、あるいは王家の守護者などとして、後のミトラス神と繋がる特徴が認められた。

しかし、一方で、ミトラ神崇拝がミトラス神を主神に据えた密儀宗教となっていた形跡はなかった。ミトラ神は、アケメネス朝ペルシアやコンマゲネ王国で明確に見られたようにアフラ・マズダーやアナーヒター、あるいはヘラクレスなどの多くの神々の一人として崇拝されていただけだったのである。キリキアの海賊の「ミトラに対する秘密の儀式」ですら、海賊が行った「いくつかの秘密の儀式」の一つにすぎず、彼らがミトラ神を特別に重視していたとは思われなかった。その「秘密の儀式」もペルシア風であったに違いない。ここに密儀宗教ミトラス教そのものを認めることは難しいと言わざるを得ないのである。

なお、イランには、ミスラをその行為者とするわけではないものの、牡牛殺しの神話があることは無視できない。ゾロアスター教の創世神話を伝える『ブンダヒシュン』によれば、善神アフラ・マズ

図I-8 尾が植物に変わる牡牛（ローマ市出土）

ダーは、六大天使アムシャ・スプンタとヤザタを生み出した後、天、水、大地、草木、牡牛、人間、火を順に創造した。牡牛は、月のように白く輝いていたという（第一A章(12)）。しかし、悪神アーリマンは、これらアフラ・マズダーの被造物を攻撃し、牡牛を殺害した。すると、死んだ「牛の体から五五種類の穀物と一二種類の薬草」（野田恵剛訳）が生まれ、さらに牛の精液は月に行って浄化され、数多くの動物のもととなったとされているのである（第六E章（1））。キュモンは、このアーリマンによる原初の牡牛殺しの神話をもとに、ミトラス神による牡牛殺しの神話が出来たと考え、「牡牛を殺すミトラス神」を、この世の創造の場面と解したのであった。近年では、そのもととなる神話では、ミスラ神がアーリマンの役割を担っていたのであり、ミスラ神による創造神話が本来、マズダー教にはあったとの説も提出されている。

いずれにしても重要なことは、ミトラス教においても、ミトラス神による牡牛の殺害がイランの神話と同じく、生命の誕生と密接に関係づけられていたことである。実際、

「牡牛を殺すミトラス神」の図像では、殺害されている牡牛の尾は植物に変化する姿でしばしば描かれており（図Ⅰ－8）、両者が無関係とは思われない。ヘロドトスの『歴史』（第一巻一三二）によれば、マゴスは供犠に際して「神々の誕生を歌った」（松平千秋訳）ともされている。ミトラス教に見られる犠牲を通して生命が生まれるという観念自体はイランに由来するのであろう。

要するに、前一世紀以前のミトラ崇拝と後一世紀に現れる「密儀宗教」としてのミトラス教との間には、明らかな連続と非連続が見られるのである。いったい、ミトラス教は、いつ、どこで、どのようにして誕生したのだろうか。次章では改めてミトラス教の起源に迫っていこう。

第Ⅱ章

亡国の王族か、解放奴隷か

——教祖の存在と教線の拡大

図II-0　ミトラス神殿復元図（ロンドン）

オリエント宗教のローマ市到来と拡大

オリエント宗教の神々の中で、最初にローマ市に姿を現したのは、小アジアのキュベレ（図Ⅱ－1）とアッティス（図Ⅱ－2）だった。それは前二〇四年のことである。当時のローマは、北アフリカの強国カルタゴとの第二次ポエニ戦争（前二一八―前二〇一年）の最中であり、かつての勢いは失っていたとはいえ、南イタリアにはカルタゴの将軍ハンニバルが居座っていた。そのような時、「イダの母神」がペッシヌスからローマに連れてこられるならば、外敵はイタリアから追い払われるだろう、との託宣をローマは得たのである。イダは小アジア西部の山の名で、その山の母神、これがすなわちキュベレのことだが、その崇拝の中心地がペッシヌス市にあったのである。

そこで、ローマは、この都市を支配していたペルガモン王国と交渉し、キュベレの御神体である黒い石を海路ローマ市へと運び、市の中心部にあるパラティヌスの丘に神殿を造って安置した。キュベレには、その愛人であるアッティス、そして彼らに仕える去勢した神官までも付き従って来た。神官が去勢していたのは、不貞を行ったアッティスが女神の怒りを買って自ら去勢して死んだとの伝承にちなんだものである。また、その祭儀も、太鼓やシンバルが鳴らされる中で踊り狂うという、ローマの伝統とはかけ離れたものであったため、ローマ市民は、女神の到来を記念する四月の祭儀を除いては、参加を禁じられ、その神官になることもできなかった。しかし、第四代皇帝クラウディウスの治世（四一―五四年）には規制が解かれ、血なまぐさいアッティスの祭儀も公的に祝われるようになった。この後、キュベレとアッティスの崇拝は、ローマの公認を得たこともあり、支配者層にも抵抗なく受け入れられて、イタリアや元の本拠地小アジアを中心に、特にガリアや北アフリカに広がっていった。

　キュベレとアッティスに次いで、ローマ市に入り込んできたのは、エジプトの女神イシスである（図Ⅱ－3）。前一世紀前半にはローマ市内にその神殿を構えていたようであるが、愛の女神アフロディテと同一視されたイシスの信仰はいかがわしいものと思われていたうえ、ローマと敵対することのあったエジプトのプトレマイオス朝の神であったため、後一世紀のカリグラ帝（在位三七―四一年）が公認するまで、幾度もローマ当局の弾圧を受けた。航海の守り神でもあったイシスは、商人に厚く敬われ、商業ルートに沿って広まっていった。前一世紀の初めには、イタリアのポンペイでイシスの神殿が建てられていたことが分かっており、ガリア、ヒスパニア、北アフリカにもよく広がり、遠くローマの境域外のゲルマン人の住むところにまでその信仰は知られていた。

図Ⅱ-1 キュベレ

図Ⅱ-2 アッティス

図II-3 イシス

では、ミトラス教の場合は、どうであったのだろうか。前章で見たように、プルタルコスの記述を信じるならば、密儀宗教としてのミトラス教は小アジアにいたキリキアの海賊に起源をもっており、捕虜となった彼らを通して、前一世紀にローマ市にもたらされたことになるが、筆者自身はそれを疑っている。そこで、本章では、最初期のミトラス教に関する史料を精査し、ミトラス教の誕生と拡大の過程についてまずは考えてみたい。幸いなことに、R・ベックが一九九八年に刊行された論文のなかで、八〇年頃から一二〇年頃をミトラス教の最初期と設定して、関係史料をまとめてくれている。

ローマ帝国のあらまし

しかし、具体的な史料の検討に入る前に、ここで改めてミトラス教が流行した一世紀から三世紀のローマ帝国について簡単に説明しておこう。

イタリア半島の一都市国家として前八世紀半ばに誕生したローマは、前一世紀には地中海周辺の広大な領土を支配する帝国となった。その領土については、「はしがき」で言及したように、最盛期の二世紀前半には、都ローマのあるイタリア半島を中心に、西は大西洋、南はサハラ砂漠に接し、北はブリテン島のハドリアヌスの長城からライン川、ドナウ川に及び、東はユーフラテス川に至っていた。ライン川とドナウ川の向こうには、主にゲルマン系の民族がおり、ユーフラテス川を挟んではパルティア、後にはササン朝ペルシアと対峙することになった。

帝国の広大な領土は、四〇ほどの属州と呼ばれる行政単位に分かれており、外敵に面した属州には、軍が重点的に配備されていた。

軍は、大きく軍団と補助軍に分かれた。軍団がローマ軍の主力であり、その数は時期によって変化はあるが、二八個から三四個あった。一個軍団の規模は五〇〇〇人強。補助軍は、その正確な部隊数も定かではなく、また一部隊の人数も五〇〇から一〇〇〇人ほどでばらつきがあったが、その総数は軍団と同数、ないしそれ以上あったと考えられており、軍団と補助軍を合わせたローマ軍全体では、三〇万を超える兵力があった。軍団は、ローマ市民権の保持者から編制されており、非市民から成る補助軍よりも給与などの面で優遇されていた。補助軍の兵士には、一定の年限、軍務に就くことで、ローマ市民権を得る特典が与えられていた。

属州において軍を率いたのは総督であったが、総督は同時に民政の責任も負っていた。この文武の大権を帯びた属州総督として中央から属州に派遣されたのは、元老院議員と騎士の身分に属する者たちであった。

元老院議員は、帝国でもっとも富裕な人々であり、またローマ草創以来の伝統を誇る貴族でもあった。定員は六〇〇名。一方、騎士は、本来はその名の通り騎兵を意味したが、ローマ帝国の時代には、単に富裕者を指すようになっていた。定員はなく、二、三万人いた。彼らは、元老院議員よりも格は下がり、担当する属州も、エジプトを例外として小規模で、軍団も駐留していなかった。イエスを処刑したことで知られる属州ユダエアの総督ポンティウス・ピラトゥスは、騎士の属州総督であった。しかし、元老院議員の議席が空いた時には、騎士から補充されたので、騎士の上層は元老院議員と社会的威信や財産の点では大きな違いはなかった。最盛期であった二世紀の帝国の人口が五〇〇〇万から六〇〇〇万人ほどだったことを考えると、元老院議員と騎士は、共に帝国の超エリートだったことになる。

元老院議員と騎士に次いだのは、都市参事会員と呼ばれる帝国内の都市の運営に携わる者たちで、彼らが一〇万人ほどいた。ここまでがローマ帝国の支配者層と言ってよいだろう。

そして、その下に、一般の自由人がおり、社会の最下層には奴隷が存在していた。奴隷の人口は、九〇〇万人ほどと推計されている。ローマ帝国では、奴隷はしばしばその身分から解放されて、解放奴隷となり、身分上昇を遂げることが可能だったので、社会の流動性は高かった。

交代する王朝

このような社会の頂点に立っていたのが皇帝であった。最初のローマ皇帝は、前二七年に即位したアウグストゥスであり、以後、六八年まではアウグストゥスの一族が帝位に就いた。しかし、悪名高いネロを最後にその血統が途絶えると、内乱を経て、ウェスパシアヌスが皇帝となった。ウェスパシアヌスを皇帝に擁立したのは、エジプトのアレクサンドリア駐留の軍であったため、この皇帝は、イシスやセラピスといったエジプトの神々に好意的であった。セラピスは、プトレマイオス朝の時代に創り出された豊穣や冥界の神である（図II-4）。ウェスパシアヌスの王朝は、皇帝の氏族名からフラウィウス朝と呼ばれる。フラウィウス朝は、「第二のネロ」と呼ばれたドミティアヌス帝を最後にわずか三代で滅び、九六年からはいわゆる五賢帝時代が始まった。

この時代には、ネルウァ、トラヤヌス、ハドリアヌス、アントニヌス・ピウス、マルクス・アウレリウス・アントニヌスと賢明な皇帝が続いたこともあり、ローマ帝国は最盛期を迎える。ダキア（現ルーマニア）やメソポタミア（現イラク）を征服し、その領土を最大にしたのは、五賢帝の一人トラヤヌス（在位九八―一一七年）だった。

図II-4 セラピス

しかし、この点も「はしがき」で言及したように、マルクス・アウレリウス帝の後継者となった実子のコンモドゥスは暴君であり、その即位をもって五賢帝時代は終わった。

コンモドゥス帝の死後、一時、政局は不安定になったが、上パンノニア属州の総督であったセプティミウス・セウェルスが一九三年に皇帝となって、新たにセウェルス朝を開いた。セウェルス朝は四〇年ほど続いたが、二三五年に断絶すると、ローマ帝国は、半世紀ほど続く軍人皇帝時代の混乱期（―二八四年）に入った。この時期には、ササン朝ペルシアやゲルマン民族の侵入が激しくなり、また軍も横暴を極め、各地で簒奪者が現れて内乱が頻発し、短命な皇帝が続いた。正統な皇帝だけで、その数は二六名を数え、自然死した者はほとんどいないという有様であった。

軍人皇帝時代の混乱は、四帝統治体制を敷いたディオクレティアヌス帝（在位二八四―三〇五年）によって収拾された。ディオクレティアヌス帝は、帝国再建のための様々な改革を行い、その面目を一新させたので、この皇帝の治世以後の帝国は後期ローマ帝国と呼ばれる。そして、このディオクレティアヌス帝と共に、後期ローマ帝国の体制を確立させたのがキリスト教を公認した、あのコンスタンティヌス帝（在位三〇六―三三七年）だったのである。

最初期のミトラス教碑文

以上のローマ帝国についての基礎知識を踏まえたうえで、最初期のミトラス教の史料を見ていこう。まず、八つある碑文を取り上げる。すなわち、ニダ（二つ）、カルヌントゥム、ノウァエ、オエスクス、アエザニティス、ローマ（二つ）から出土したものである（地図Ⅱ－1）。ニダは、現ドイツ南西部のフランクフルト市の一角ヘッデルンハイムに当たり、ローマ帝国時代には上ゲルマニア属州の一部であった。

碑文のひとつには、「不敗の太陽へ、ガイウス・ロリウス・クリスプス、第三二志願兵歩兵部隊の百人隊長（がこの祭壇を奉献した）」とあった。碑文には、ミトラス神の名は明記されていないが、「不敗の太陽」は明らかにミトラス神のことである。「第三二志願兵歩兵部隊」は、九〇年からほどなく他の場所に移動したことが分かっているので、この碑文の年代は九〇年以前と推定されている。クリスプスの就いていた百人隊長は、ローマ軍の最小稼働単位である小隊（八〇人規模）を指揮した役職である。この役職は、兵卒から軍に入った者が到達し得るほぼ最高の地位であった。

図II-5 騎兵タキトゥスの碑文

もうひとつの碑文には、次のように書かれていた。「フォルトゥナ女神のために祭壇を（捧げる）。騎兵第一部隊フラウィアのクラウディウス・アッティクス指揮下の小隊に属する騎兵のタキトゥスは快く、喜んで、しかるべく誓願時の約束を果たした」。碑文が書かれた年代は、やはり部隊の移動年から推定できる。それは一一〇年以前である。碑文は、運命の女神フォルトゥナに言及しているが、祭壇には「牡牛を運ぶミトラス神」の浮彫が施されていたので（図II－5）、ミトラス教の遺物と判断される。祭壇の奉献者のタキトゥスは、「騎兵第一部隊フラウィア」という補助軍部隊に属していた。「快く、喜んで、しかるべく誓願時の約束を果たした」は、碑文に出てくる決まり文句である。ローマ人は、神に願い事をする際には、その願い事がかなった暁に果たすお礼を同時に約束したため、誓

カルヌントゥム
下パンノニア
ダキア・ポロリッセンシス
パンノニア
上ダキア
下ダキア
下モエシア
ノウァエ
ダルマティア
上モエシア
オエスクス
ビテュニア・ポントゥス
トラキア
マケドニア
ガラティア
アエザニティス
カッパドキア
エピルス
アシア
ドリケ
リュキア・パンフュリア
アカイア
キリキア
キプルス
シリア
パルティア
シリア・パラエスティナ
カエサレア
アラビア
クレタ・キュレナエ
アエギュプトゥス（エジプト）

地図II-1 最初期のミトラス教関係遺物出土地

願成就の礼物――タキトゥスの場合は祭壇――に「誓願時の約束を果たした」と慣習的に記したのである。

ドナウ川流域の属州上パンノニアの州都カルヌントゥム（現オーストリアのウィーンの近郊）からは、「不敗のミトラス」のために第一五軍団アポリナリスの百人隊長であったガイウス・サキディウス・バルバルスが捧げた祭壇が出土している。第一五軍団アポリナリスは、一一四年にカルヌントゥムから小アジアのカッパドキアへ移動したので、碑文の年代は一一四年以前のものである。

同じくドナウ川流域の属州下モエシアのノウァエ（現ブルガリアのスヴィシュトフ）から見つかった碑文には、「ライオンであるメリクリスス、プブリウス・カラゴニウス・フィロパラエストゥルスの奴隷」と書かれていた。「ライオン」は、ミトラス教の信者が就いた七つの位階のひとつである。「メリクリスス」が碑文の奉献者の名であるが、この名は「蜂蜜を注がれた者」を意味する。三世紀の新プラトン主義哲学者のポルピュリオスは、「ライオン」の位階の者は手を水ではなく、蜂蜜で清めたと伝えており、「メリクリスス」の名はこの行為に由来するものと考えられるので、「メリクリスス」は本名ではないのだろう。この人物は「プブリウス・カラゴニウス・フィロパラエストゥルスの奴隷」であったが、別の碑文によって、フィロパラエストゥルスは、トラキア河岸の税関の責任者として一〇〇年頃に活動していたことが知られていることから、ノウァエの碑文の年代が分かるのである。メリクリススは、この人物の下で、税関の業務に携わっていたのであろう。祭壇には、カウテス神とカウトパテス神の浮彫が施されていた。この二柱の神は、ミトラス神と同じいでたちをし、カウテス神は松明を上に向け、カウトパテス神は松明を下に向けて、牡牛を殺すミトラス神の左右に立った姿でしばしば描かれた。メリクリススの浮彫では、松明の他にも、カウテス神は雄鶏をその頭を上にして持ち、カウトパテス神は逆にその頭を下にして手にしていた。

ノウァエ近くのオエスクス（現ブルガリアのグリャンツィ）からは、「第四軍団フラウィア・フィデリスの退役兵であり、祭儀の父であるティトゥス・テッティウス・プロトゥスが不敗の神のために喜んで至当に誓願時の約束を果たした」と書かれた碑文が出土している。第四軍団は、属州上モエシアのシンギドゥヌム（現セルビアのベオグラード）に駐屯していた軍団であるが、その退役兵は、トラヤヌス帝の時代（九八―一一七年）にオエスクスに入植させられていた。碑文の年代は、一一〇年頃と推定されている。「祭儀の父（pater sacrorum）」の「父」も、「ライオン」と同じく、ミトラス教の信者の位階のひとつで、こちらは最高の位階である。

小アジアのフリュギア地方のアエザニティスからは、ソロンの子ミドンが、「ヘリオス・ミトラスのために」と刻んだ台座が出てきており、台座にはフリュギア帽子を被ったミトラス神の姿も認められる。年代については、七七／七八年、あるいは一三一／一三二年とされる。ベックはこの碑文をミトラス教のものとするが、そう断定することは難しく、小アジアにあったイラン的なミスラ神信仰の遺物である可能性も排除できないので、この碑文は以下の分析の対象からは外すことにする。

最後にローマ市からの碑文を二点見ておこう。ひとつは祭壇に刻まれたもので、「不敗の太陽神ミトラスへ、皇帝の解放奴隷であるティトゥス・フラウィウス・ヒュギヌス・エフェビアヌスがこの贈り物（＝祭壇）を捧げた」とあった。フラウィウスの名は、自身を解放した一世紀後半の皇帝家の氏族名からとっているので、碑文も六八―一一七年頃のものと考えられている。祭壇には、ギリシア語

図II-6 アルキムスの碑文（台座に碑文が刻まれている）

も刻まれており、ギリシア語では「太陽神ミトラスへ、ティトゥス・フラウィウス・ヒュギヌスが、自身の父を介して（この贈り物を捧げた）」と書かれていた。この「自身の父」は、血縁上の父親ではなく、位階の「父」を指しているとされている。

もうひとつは、「牡牛を殺すミトラス神」の像の台座に刻まれた碑文である（図II－6）。そこには、「ティトゥス・クラウディウス・リウィアヌスの奴隷であり、監督役であるアルキムスが、太陽神であるミトラスのために誓願時の約束を果たし、奉納物を捧げた」と記されていた。

アルキムスの主人ティトゥス・クラウディウス・リウィアヌスは、トラヤヌス帝の近衛長官を務めていたことが知られている騎士なので、碑文もトラヤヌス帝治世の前後のものであろう。この「牡牛を殺すミトラス神」の像は、現状で最古の「牡牛を殺すミトラス神」の像だが、ミトラス神のベルトより上部は、後世に復元されたものである。サイズは八〇×一一〇センチメートルほどで、大きくはない。短剣の刺さったところからは、血ではなく、植物が噴き出している。また、牡牛の尾のほうには、この点は通常の作例とは異なり、カウテスとカウトパテスの二柱の神が並んで立っている。

詩人スタティウスの言及

文献上でのミトラス教への最古の言及は、詩人スタティウス（四五年頃―九六年頃）の『テーバイ物語』（九〇年頃）に見られる。第一歌の最後で「ペルセウスの子孫〔ペルシア人〕の洞窟の岩の下で従うことを良しとせぬ牡牛の角を矯《た》めるミトラ〔ス〕神」（山田哲子訳）と歌われるのである。洞窟と「角」で表現された牡牛への言及から、これは明らかにミトラス教のミトラス神について触れたものと考えられる。また、詩行の文脈からは、ミトラス神がギリシアの太陽神アポロンと同一視されていたことも分かる。スタティウスは、イタリアの現ナポリ出身だが、ローマ市で活躍していたので、ミトラス教をローマ市で目にする機会があったのだろう。

最初期のミトラス神殿

以上の他にも、伴出する土器から年代を最初期と推定できるミトラス神殿の遺跡として、ニダの第三ミトラス神殿、モゴンティアクム、ポンス・アエニ、カエサレアにあった各神殿がある。モゴンティアクムは、現ドイツのマインツに当たり、上ゲルマニア属州の州都で、軍団の駐屯地でもあった。ポンス・アエニは、属州ノリクムにあった都市で、現ドイツ南東部のオーバーバイエルン州のプファッフェンホーフェン・アン・デア・イルム市に当たる。最後のカエサレアは、現イスラエルの海岸沿いにあった都市である。属州ユダエアの州都でもあった。

カエサレアのミトラス神殿は、半円筒形の穀物倉庫（高さ四・九四メートル、幅四・九五メートル、長さ三一・三〇メートル）を改築して作られていた。入り口は西に向いており、東の端に祭壇が置かれていた。改築時には、天井を含む壁面の全てが漆喰で覆われ、彩色された。彩色の一部が残っており、そこからは、天井が夜空を思わせる青さで塗られ、南の壁面には儀式の場面が描かれていたことが判明している。

また、天井には採光の穴が開けられており、夏至の日には祭壇を照らすようになっていた。祭壇の奥の東の壁から四・五メートルのところの天井には、一九の小さな穴が確認されるが、発掘者のR・J・ブルは、太陽光線を表すためか、あるいは神殿の区切りのために、これらの穴に木の棒が放射状に差し込まれていたと推定した（図II－7）。祭壇の正面にはめ込まれていたと思われる浮彫がほどこされた小さな大理石製のメダル（直径七・五センチメートル）も発見され、浮彫には牡牛を殺すミト

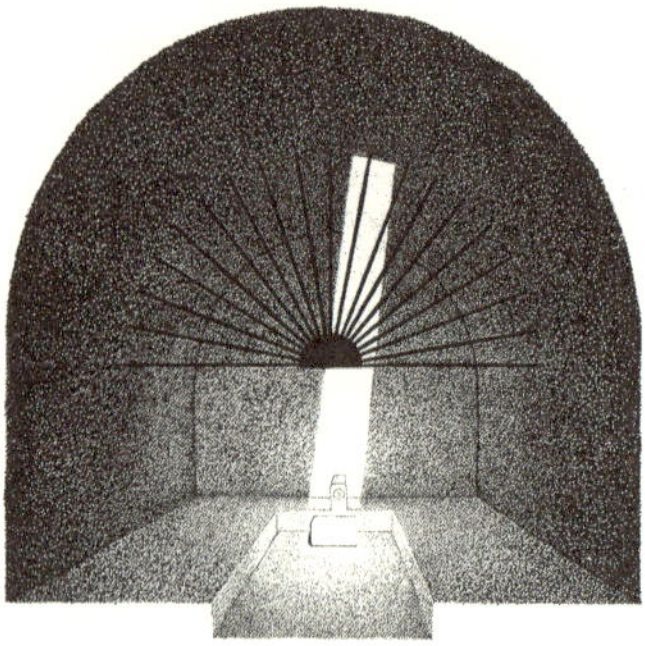

図II-7 カエサレアのミトラス神殿（推定復元図）

図II-8 カエサレアのミトラス神殿のメダル

図II-9 ドリケの第１ミトラス神殿のミトラス（左：浮彫、右：浮彫のスケッチ）

ラス神の像などが描かれていた（図II－8）。カエサレアのミトラス神殿は、このように興味深いものだが、二〇一七年の研究では、その年代は二世紀末以降とされており、最初期のミトラス神殿ではない可能性が示されているので、やはりここでの議論の対象とはしないでおこう。

最古のミトラス神殿？

一九九七年から九八年にかけて、トルコ南東部の都市ガズィアンテプに近いデュルク村（古代のコンマゲネ地方のドリケ）の丘の洞窟の中から、ドイツの調査隊によって二つのミトラス神殿が発見された。

最初に発見されたミトラス神殿が便宜的に第一ミトラス神殿とされ、この第一神殿の空間は奥行き二二メートルほど、幅は五—一一メートルほどあった。神殿の一番奥の壁面に

図II-10 ドリケの第2ミトラス神殿のミトラス神（上：浮彫、下：浮彫のスケッチ）

「牡牛を殺すミトラス神」の浮彫（高さ二・一メートル、幅一・八メートル）が施されていた（図II－9）。浮彫は損傷が激しいが、ミトラス神の顔に十字の傷が付けられていることから明らかなように、その原因はキリスト教徒による破壊を被ったからである。しかし、前足を上げ、後ろ足で立ち上がろうとする牡牛に、マントを翻しながら片膝をついて乗るミトラス神や牡牛の足元に描かれた犬、混酒器に近づく蛇、あるいは牡牛の右手に立つカウテス神の姿などは、はっきり見て取ることができる。

一方、第二ミトラス神殿は、第一神殿の入り口近くの側面からつながっていた。古代には別のところに入り口があったが、現在は落石で塞がってしまっている。第一ミトラス神殿よりも空間は大きく、奥行き三二メートル、幅一八メートルほどである。南東の壁面にやはり「牡牛を殺すミトラス神」の浮彫（高さ一・七メートル、幅二・四メートル）があった。こちらも鑿《のみ》で傷つけられている。第一ミトラス神殿のものよりもその損傷具合はひどく、ミトラス神の姿は完全に見えなくなっているが、構図はほぼ同じである（図Ⅱ－10）。

二つのミトラス神殿の建造年代について決定的な証拠は出なかったものの、ドイツの調査隊は、出土した貨幣を主たる根拠に、前一世紀後半から後一世紀前半と推定した。ミトラス教の起源地の有力候補である小アジアのコンマゲネ地方で発見された初めてのミトラス神殿であり、かつ紀元前に遡る最古のミトラス神殿である可能性が示されたため、その発見は大きな注目を集めた。

しかし、R・ゴードンは、「牡牛を殺すミトラス神」の浮彫に描かれている混酒器と蛇は、ライン川とドナウ川流域に特有のものであることから、むしろこの方面からミトラス教がドリケに持ち込まれたのではないかと指摘した。仮に、ドリケのミトラス神殿が、発掘者たちが推定したように最古のもので、ここからミトラス教が広まったのならば、ミトラス教の一大中心地であったイタリアで混酒器と蛇のモチーフが見つかっていないのは明らかに不自然だからである。さらにゴードンは、二つのミトラス神殿ができた年代についても、三世紀初めと推定した。おそらく、ゴードンの指摘は正しく、ドリケのミトラス神殿は、最古どころか、そもそも古いものではないのだろう。

ミトラス教の誕生

煩雑にはなったが、以上が最初期のミトラス教に関する史料である。これらに基づいて、密儀宗教ミトラス教がいつ、どこで、どのようにして誕生したのか、考察していこう。

ミトラス教誕生の年代についてフランツ・キュモンやR・テュルカンは、キリキアの海賊について言及するプルタルコスの証言を重視して、遅くとも紀元前一世紀と考えていたが、筆者はキリキアの海賊が行っていた宗教儀式は、ミトラス教ではないと考えた。この場合は、最初の史料が現れてくる九〇年以前の一世紀後半をミトラス教の誕生の時期と見るのが妥当である。

他方、ミトラス教は、最初期の段階で、西は属州上ゲルマニアから東は属州下モエシアまでの帝国各地に広がっていた。このことは、ミトラス教が、キュモンが想定した小アジア東部のような僻地ではなく、交通の便のよい場所から一気に拡大したことを示している。そして、その交通の便のよい場所とは、イタリアだったのではないか。現に、最初期の信者は、イタリアに関係していた。ニダのガイウス・ロリウス・クリスプスが属した第三二志願兵歩兵部隊は補助軍部隊であったが、この部隊はローマ市民で編制されていた。当時、ローマ市民権は、属州にはそれほど広まっていなかったので、この部隊のほとんどがイタリア出身者で占められていたと考えられる。また軍団兵は、ローマ市民権を入隊時の資格として求められたので、軍団兵であったカルヌントゥムのガイウス・サキディウス・バルバルスも、オエスクスのティトゥス・テッティウス・プロトゥスもイタリア出身であった可能性が高い。後者の名は、イタリアに典型的なものとされる。

さらにイタリアのどこかと問われれば、第一候補はやはり都のローマ市であろう。詩人のスタティウスは、ミトラス教を特別なものとしてではなく、その詩の中に自然に取り入れていることから考えて、ローマ市では、九〇年頃には、ミトラス教は多くの人が普通に知るところになっていたのであろう。同時期にはプルタルコスも、ローマ市に一時滞在した折に、ミトラス教を目にしていたので、既に珍しいものではなかったに違いない。ミトラス教が早くから多くの人に認知されていたローマ市こそ、その誕生の地としてふさわしい。

では、ミトラス教は、どのようにして一世紀にローマ市で誕生したのだろうか。ミトラス教は、最初期の段階で既に「牡牛を殺すミトラス神」の像や「父」や「ライオン」の位階制度、洞窟状の神殿などを有しており、相当完成された形で姿を現していた。このことは、ミトラス教が、時間をかけて形成されたものではなく、一人の教祖の手によって密儀宗教として一気に創り出されたものであることを想像させる。キュモンは、小アジアにいたマゴスたちをミトラス教の創設者と考えており、特定の教祖を想定していたようには思われないが、ギリシア宗教史の大家であったM・P・ニルソンは、一九四〇年代の早い時点で、ミトラス教は「一人の未知の宗教的天才の創造物」との見解を示していた。

解放奴隷か、創設者集団か

R・メルケルバッハも、ミトラス教ローマ市起源説を主張するが、ニルソンの指摘を受けて、ミトラス教の教祖のより具体的な姿に迫り、それを皇帝に仕えたアルメニアやポントゥスなどの小アジア東部出身の解放奴隷と推定した。

推定の根拠となったのは、メルケルバッハ独自のミトラス教像である。メルケルバッハは、ミトラス教の教義にイランとギリシアの宗教思想の融合を見、また信者に奴隷や兵士が多いことから、ミトラス教は彼らのために創られた宗教と考えた。そして、この条件に合う、東西の宗教思想の知識を持ち、奴隷や兵士に近い人間の類型として、小アジア東部出身の解放奴隷という推定を導き出したのである。この推定に従うならば、ミトラス教誕生の地を小アジア東部としなくとも、小アジア東部の影響をミトラス教に認めることが可能になる。かつ、皇帝の側近の解放奴隷が創始した宗教であれば、ミトラス教が特異な信仰形態をもった新興宗教でありながらも、軍や官僚機構のような帝国の組織内に、排斥されることなく浸透していったことの説明にもなる。テュルカンは、ミトラス教が前一世紀の反ローマ的な環境で発生したと見ていたが、このような見方に立つならば、ローマ帝国の組織内にミトラス教が容易に浸透していったことを説明できなくなるであろう。

R・ベックも、紀元後一世紀にミトラス教が誕生したと考えているが、ベックは、教祖ではなく、創設者集団（founding group）を仮定した。この考えを導入することで、まずは最初期におけるミトラス教の急激な帝国各地への拡大を説明しようとしたのである。創設者集団は、ベックの考えでは、コンマゲネ王朝の関係者である。トルコのネムルート山に遺跡を残したコンマゲネ王朝は、七二年に最終的にローマ帝国に併合されたが、王族やその側近たちは、ローマ市に移住したので、帝国の支配者層、さらには彼らの奴隷や解放奴隷と接触する機会があった。またコンマゲネから徴兵された部隊は、第一次ユダヤ戦争（六六―七四年）やネロ帝死後の六九年の内乱に際して活用され、同時に参戦していたその他のローマの諸部隊と関係したからである。しかし、いかに創設者集団といっても、その中心になる人物の存在はやはり必要であり、ベックはそれがティベリウス・クラウディウス・バルビッルスではなかったかと推定した。

バルビッルスは、その母からコンマゲネ王家の血を引いており、また彼の娘は、コンマゲネの最後の王アンティオコス四世の子ガイウス・ユリウス・アンティオクス・エピファネスに嫁いでいたので、コンマゲネ王国の一族であった上、占星術師でもあったからである。バルビッルスの父親のティベリウス・クラウディウス・トラシュッルス自身がティベリウス帝に仕えた高名な占星術師であった。そして、バルビッルス自身も、占星術書『アストログメナ』を著したほどの学識の持ち主で、ネロ帝やウェスパシアヌス帝に占星術師として重用されていたのである。バルビッルスは、騎士身分の官僚でもあり、四三年のクラウディウス帝によるブリテン島征服に際しては軍団副官として参加し、その後は、エジプトのアレクサンドリアの研究所ムセイオンとその付属図書館の長を務め、さらに属州エジプト長官（在任五五―五九年）にまでなったことが知られている。

暫定的仮説

筆者自身の考えは、メルケルバッハに近い。最初期の信者は、確かに兵士と奴隷、あるいは解放奴隷であった。このことは、彼らに近い人間がミトラス教を創り出したことを推定させる。そして、兵士か、奴隷、あるいは解放奴隷のどちらが教祖になり得るかと言えば、それはやはり後者、特に解放奴隷であろう。奴隷と解放奴隷については、第Ⅳ章でより詳しく説明するが、最初期のローマ市のミトラス教の信者であった奴隷、ないし解放奴隷は、皇帝や近衛長官、税関吏といった帝国の支配者層に仕えていた。彼らは、奴隷や解放奴隷という言葉から一般にイメージされるものとは異なり、相当な知識と能力を備えており、一世紀前半のローマ帝国では、主人の公的業務遂行の手助けとしても利用されていた。いわば官僚、ないし公務員というべき存在であったのである。パッラスやナルキッススなどの宮廷内で大きな権勢をふるう解放奴隷が現れたのも、まさに一世紀後半であった。また、皇帝や近衛長官の奴隷、あるいは解放奴隷であれば、軍との接触もあった。皇帝は、近衛部隊に取り巻かれており、その司令官が近衛長官だったからである。さらに近衛兵は、エリート部隊であり、属州の軍団の百人隊長などとして、転出していくこともしばしばあったので、皇帝や近衛長官の奴隷や解放奴隷であれば、間接的に属州の軍との関係も持ちえたのである。対して、一介の兵士では、新たな宗教を創り出す知識も、またそれを広める影響力もなかったであろう。

しかし、教祖となった解放奴隷の出身については、必ずしもアルメニア、あるいはポントゥスとする必然性はないと筆者は考えているが、この点については、最終的には、ミトラス教をどのような宗教と見るかに係ってくる。キュモンは、ミトラス教に、古代イランの宗教とバビロニアの思想、小アジアの土俗信仰、さらにギリシアの哲学の影響を認め、「これほど多くの異質の要素が一体になったこの合成宗教は、ヘレニズム時代にアルメニア、コ〔ン〕マグネ、カッパドキア、ポントゥスで栄えた複合文明の適切な表現である」(小川英雄訳)としていたので、その誕生の地を小アジア東部に求めた。また、メルケルバッハやベックにしても、ミトラス教にイランとギリシアの宗教思想の融合、特にベックの場合は、西方の占星術の影響を認めたために、コンマゲネ地方、さらにはその地方出身の占星術師バルビッルスを教祖としたのである。したがって、ミトラス教の起源の地については、ミトラス教の全体像を考えた上で、最後に再び取り上げる必要があることになるが、さしあたり本章での仮定としては、ミトラス教は、ローマ市で紀元後一世紀に、東方について知識のある帝国のインサイダー（部内者）である解放奴隷を教祖として誕生したとして話を進めていきたい。

ミトラス教の拡大

最初期の信者であった兵士や奴隷、解放奴隷は、立場上、移動する人たちでもあった。ミトラス教は、彼らの手でまずは各地に運ばれ、定着後は、その周辺の一般人へも広がっていったと思われる。その具体的過程を追うことは史料状況からなかなか難しいが、ここでは属州上パンノニアのポエトウィオと属州シリアのドゥラ・エウロポスにおけるミトラス教拡大の事例を紹介しておこう。

ポエトウィオは、現在のスロベニアのプトゥイに当たり、イタリアとドナウ川流域の諸都市を結ぶ交通の要衝であった。最盛期には、人口は四万ほどあったと推計されている。この都市には、五つのミトラス神殿があった（地図Ⅱ－2）。

第一ミトラス神殿は、二世紀半ばに建てられたもので、属州上パンノニアでもっとも古いミトラス神殿でもある。サイズも一番小さく、七×七メートルほどである。この神殿からは、ドナウ川流域の諸属州の関税を管轄する役所プブリクム・ポルトリイ・イリュリキで働いていた奴隷たちが残した奉献碑文が多数見つかっている。ヒュアキントゥスというギリシア系の名をもつ奴隷と思われる人物が、この神殿の創建者であったと推定されている。四世紀まで利用された。

第一ミトラス神殿から二〇メートルほどしか離れていないところに、第二ミトラス神殿（一四×八

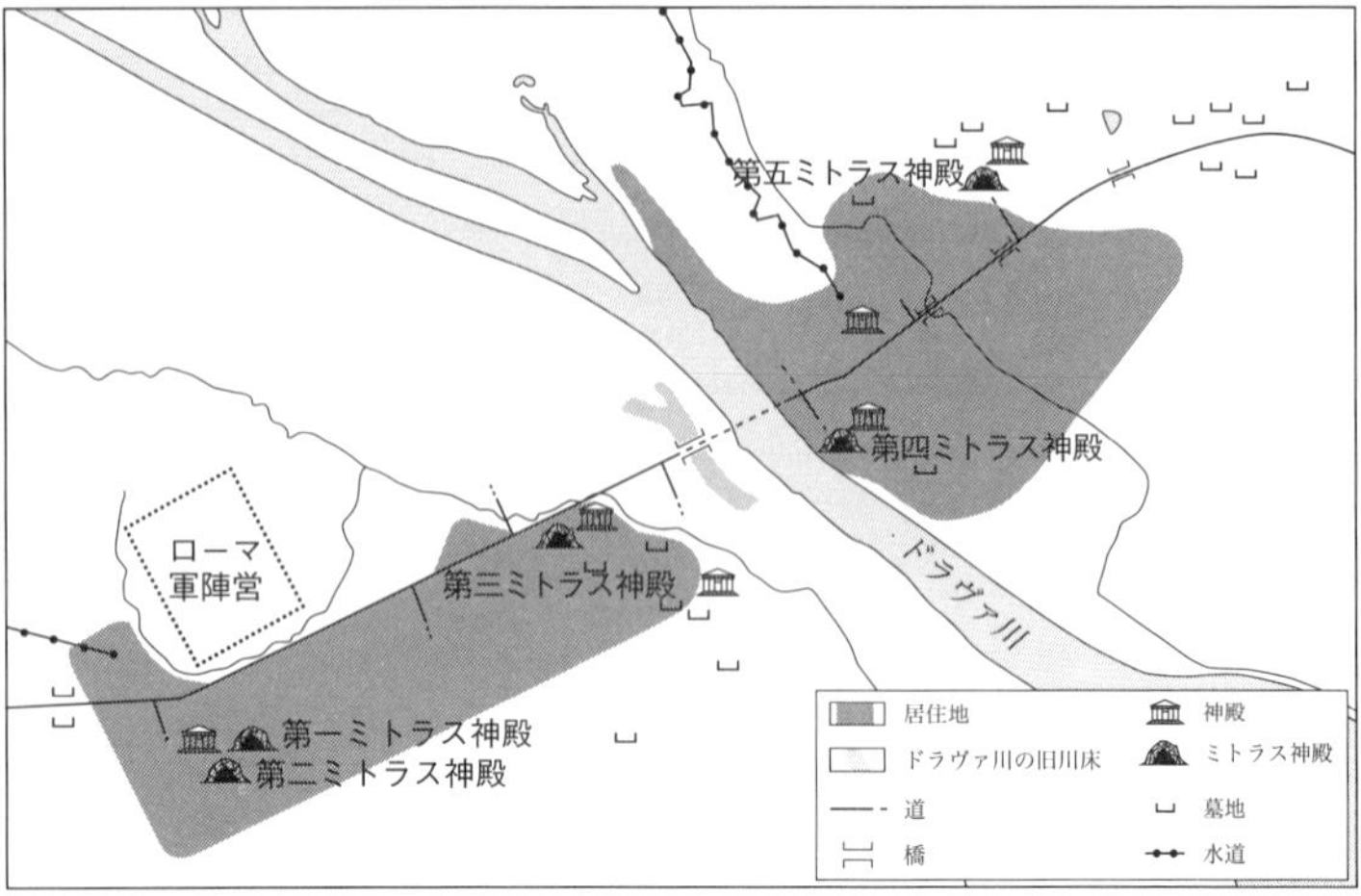

地図II-2 ポエトウィオのミトラス神殿

メートル）があった。建造年代は、三世紀初頭。やはり出土した碑文からは、奴隷や解放奴隷の名が多く認められる。兵士の奉献者もおり、彼らも税関業務に携わっていた。ローマ帝国では、奴隷や解放奴隷と共に、兵士もしばしば下級官僚として、様々な業務に携わっていたのである。これら二つの神殿が建てられた地区は、市内を流れるドラヴァ川右岸にあった。

第三ミトラス神殿もドラヴァ川右岸にあったが、第一、第二神殿から少し離れた、富裕層の別荘が立ち並ぶ地区にあった。もともとは別荘の一角に建てられていたと思われ、当初のサイズは一一・二×六・八五メートルほどであった。神殿からは、三世紀半ばにポエトウィオに駐屯していた第五軍団マケドニカと第一三軍団ゲミナの分遣隊の兵士たちとその指揮官であったフラウィウス・アペルによる碑文が出土している。彼らの手で神殿は拡張され、ポエトウィオ最大となった（一六

×八メートル）。アペルは、この後、ヌメリアヌス帝（在位二八三―二八四年）の近衛長官となり、帝位を狙うが、ディオクレティアヌス帝に殺害されることになる人物である。

第四と第五ミトラス神殿は、ドラヴァ川の左岸にあった。第四ミトラス神殿は、三世紀末の建造にかかり、場所ははっきり特定されていないが、おそらくフォルムと呼ばれる市の行政の中心地に接していた。第五ミトラス神殿（八×六メートル）は、ポエトウィオの北東端のほうにあり、周辺は陶器やレンガなどを生産する職人たちの住む地域であった。この第五ミトラス神殿は、三世紀から四世紀半ばにかけて利用された。

神殿の建造年代が必ずしも確定できるわけではないが、おおよその傾向として、ポエトウィオでは、二世紀半ばにおそらく税関吏によってミトラス教が持ち込まれ、最初の第一ミトラス神殿が手狭になったため、近くに第二ミトラス神殿が建てられ、さらに第三、第四、第五と民間人が多く住む東の地区へと拡大していったのであろう。ポエトウィオに置かれた税関組織は、管轄地域内に多くの出張所（アトランス、ポンス・アエニ、ウィルヌムなど）をもっていたが、その出張所からもミトラス神殿や関連遺物が出土しており、ドナウ川流域の諸属州におけるミトラス教の流布には、税関組織が果たした役割が大きかったことが分かっている。

この都市出身の元老院議員であったマルクス・ウァレリウス・マクシムスは、軍団司令官として赴任したダキアのアプルムと北アフリカのランバエシスで、ミトラス神への奉献碑文を捧げており、ミトラス教の流布に関わったことが知られている。

ドゥラ・エウロポスのミトラス神殿

シリアのドゥラ・エウロポスは、序章で言及した通り、キュモンが最初に組織的発掘を行ったユーフラテス川に臨む城塞都市である。この都市は、ヘレニズム時代の前三〇〇年頃にセレウコス一世によって創建され、前一一三年以後は、二七〇年以上にわたるパルティアの支配を経て、一六五年にローマ帝国領となり、二五六年頃にササン朝ペルシアのシャープール一世に滅ぼされた歴史をもっている。滅亡後は、二〇世紀初めまで乾燥した土中に埋もれていたため、「シリア砂漠のポンペイ」と呼ばれるほど遺跡の保存状態がよく、通常の環境であれば湮滅《いんめつ》してしまうような木製品や布製品なども多数出土し、この点も先に述べたように、彩色壁画を伴うユダヤ教のシナゴーグやキリスト教の礼拝所も見つかっている。

このドゥラ・エウロポスに最初にミトラス教を持ち込んだのは、ローマ軍に属するパルミラ人の弓兵隊の司令官エトペニであった。パルミラは、ローマ領内にあったシリアの都市で、シルクロード交易の中継地として名高いが、その住人は弓兵として優れており、ローマ軍に部隊を提供していたのである。司令官のエトペニが奉献した「牡牛を殺すミトラス神」の浮彫が残っており、その年代は、刻まれた碑文から一六八年と判明する。この都市をローマ軍がパルティアから奪取してから三年後のことだった。なお、パルミラからは現在のところ、ミトラス教の痕跡は見つかっていないので、エトペニは、どこかほかの場所でミトラス教と接して、その信者となっていたと考えられる。一七〇／一七一年には、同じパルミラの弓兵部隊の司令官ゼノビオスなる人物がもう一つの「牡牛を殺すミトラス神」の浮彫を奉献している（図Ⅱ-11）。

エトペニによって建てられたと思われる最初のミトラス神殿は個人の邸宅内に建てられた小規模なもの（四・六×五・八メートル）であったが、二一〇年頃に大規模な改築を受けた。改築を行ったのは、第四軍団スキュティカと第一六軍団フラウィア・フィルマの分遣隊を率いてこの都市に駐屯していた首席百人隊長アントニウス・ウァレンティヌスである。改築に際しては、奥行きは倍ほどに広げ

図II-11　ドゥラ・エウロポスのミトラス神

図II-12　狩りをするミトラス神

られ、また祭壇の後ろの「牡牛を殺すミトラス神」の浮彫の周囲には、アーチ状の枠が取り付けられ、枠には一連のミトラス神の神話のシーンが描かれた。

二四〇年代には、このミトラス神殿はさらに拡張・整備された。神殿の北側には二つの部屋が付け足された。祭壇の前には基壇が造られ、基壇に上るための七段の階段が造られた。基壇の高さは低いものなので、本来は七段もの階段は不要である。おそらく儀式的な意味があって、七段にされたのであろう。神殿の壁面には、マレオスなる現地の画工の手によって、新たに「狩りをするミトラス神」の姿などが描かれた（図Ⅱ－12）。この段階での改築の主体は分かっていない。

このようにドゥラ・エウロポスでは、二世紀後半に兵士によってミトラス教が持ち込まれて以後、その神殿は時間を追って漸次、拡張・整備されていったが、ポエトウィオのように、神殿そのものの数は増えていないので、信者数の増加は限定的だったと思われる。ミトラス神殿のあった市の北部は、三世紀以後は、軍事エリアとなっていたので、ドゥラの一般市民へはミトラス教は、あまり広がらなかったのであろう。

信者の増加

しかし、ローマ帝国全体の傾向としては、二世紀後半以後になると、ミトラス教徒の数の増加が確認できるようになる。M・クラウスによれば、年代を特定できる碑文の数は一八五あるが、その年代ごとの推移は、表のようであった。

二世紀後半に、碑文の数が飛躍的に伸びたことは明らかである。そして、碑文数の増加が信者数の

表 ミトラス教碑文の数の推移

100—150年	150—192年	190—217年	218—250年	3世紀	4世紀
10	56	40	43	18	18

増加と比例関係にあることは疑いない。ただし、年代を特定できる碑文は、碑文全体のわずか一八パーセントにすぎないので、この数字はあくまでも大まかな傾向を示すにすぎないが、傾向自体は間違いないだろう。

二世紀後半になると、ミトラス教についての文献上の言及も増えてくる。エウブロスとパラスという二人の人物が、現在は失われてしまっているものの、それぞれミトラス教についての専著を書いたことが知られている。彼らは共に二世紀後半の人と推定される。ローマ市で活動し、マルクス・アウレリウス帝の治下（一六一—一八〇年）に殉教したキリスト教の護教家ユスティヌスや北アフリカのカルタゴの護教家テルトゥリアヌス（一六〇年頃—二二二年頃）も、その著作でミトラス教について触れている。教父のオリゲネス（一八五年頃—二五四年頃）は、三世紀に『ケルソス駁論』を著したが、駁論対象となったプラトン主義哲学者ケルソスの著作『真正な教え』には、ミトラス教についての記述があり、この『真正な教え』が書かれたのも、やはり二世紀後半の一七五年から一八一年の間だったのである。

コンモドゥス帝とミトラス教

そうして、ミトラス教との関係をはっきりもったことが分かる皇帝も二世紀後半になると現れてくる。それがマルクス・アウレリウス帝の息子コンモドゥス帝であった。「はしがき」で見たように、コンモドゥス帝は、ミトラス教などの宗教儀式を逆手にとって人々に残虐な行為を行ったと書かれていたが、『ローマ皇帝群像』の書きぶりを鵜呑みにして、これらの信仰にコンモドゥス帝が悪ふざけでかかわったにすぎないと考えるのは早計である。なぜなら、このうちのヘルクレス神については、コンモドゥス帝は実際にその熱心な信奉者であったことが明らかだからである。ミトラス教についても、コンモドゥス帝が真摯な入信者であった可能性は排除できないだろう。

コンモドゥス帝はミトラス神の称号である「インウィクトゥス（不敗の）」を帯び、一〇月を「インウィクトゥスの月」と改称させたが、このことは皇帝がミトラス教を支持しているとの印象を教徒に与えたに違いない。実際、同帝の治世以後、ミトラス教徒は皇帝の安寧をミトラス神に祈るようになるのである。

コンモドゥス帝は一九二年に暗殺され、一年の内乱を挟んで、セウェルス朝が成立した。この王朝の下においても、ミトラス教の拡大に有利な状況が続いた。

オリエント出身の皇帝たち

王朝の創始者であるセウェルス帝の妻ユリア・ドムナは、シリアのエメサ（現ホムス）の太陽神の神官の娘であり、自身も宗教や哲学に関心があった。テュアナのアポロニオスの伝記を書くようにピロストラトスに勧めたのも、このユリア・ドムナだったようである。

セウェルス帝治世の碑文からは、皇帝の解放奴隷のひとりが「皇帝家に属する不敗のミトラス神の父にして神官」を名乗っていたことが知られている。キュモンは、この碑文を根拠に、ミトラス教が

「皇帝の宮殿の中に専従の祭司を持った」（小川英雄訳）とまで解釈した。キュモンの解釈には疑問もあるが、ミトラス教が皇帝家公認の存在となっていたことは間違いない。

セウェルス帝の後継者カラカラ帝（在位一九七頃―二一七年）が建造したローマ市にある有名なカラカラ浴場には、ミトラス教の神殿が付属していた。神殿は、ローマ市内でもっとも大きく、二三×九・七メートルもあった。この大きなミトラス神殿も、皇帝の許可なしには、設置されなかったであろう。

カラカラ帝を継いだエラガバルス帝（在位二一八―二二二年）は、即位前には、エメサの太陽神の神官であり、ローマ市に来る際には、自身の崇拝する太陽神の御神体――それは円錐形をした隕石であった――を伴った。そして、この太陽神を最高神として人々に礼拝するように求めたとされている。ミトラス神は、太陽神とみなされていたので、エラガバルス帝の行為もまたミトラス教の流布を後押しすることになっただろう。なお、エラガバルス帝も、コンモドゥス帝と同じく、代表的な愚帝とされ、太陽神崇拝の強要はその狂気の産物とされるが、自らの信じる宗教を帝国民に広める行為は、次のアウレリアヌス帝やさらにコンスタンティヌス帝にも見られるのであって、むしろエラガバルス帝は彼らの先駆者と位置付けられるべきである。

アウレリアヌス帝の「不敗の太陽神」信仰

セウェルス朝に続いた軍人皇帝時代の皇帝のひとりアウレリアヌス（在位二七〇―二七五年）もまた、ローマ市に太陽神崇拝を持ち込んだ。

『ローマ皇帝群像』「神君アウレリアヌスの生涯」によれば、アウレリアヌス帝は、ローマに反旗を翻したシリアのパルミラとエメサ近郊で戦った際に苦戦を強いられたが、未知の神の支援によって勝利した。戦闘後、アウレリアヌス帝は、自らを支援したのがエメサの太陽神であったと知り、これに感謝して、後にローマ市に太陽神神殿を建造したとされている。このエピソード自体は、コンスタンティヌス帝の有名なキリスト教改宗譚にヒントを得て、『ローマ皇帝群像』の著者が創作したものと考えられる。『ローマ皇帝群像』は、アウレリアヌス帝の母親が太陽神神官であったとも伝えるが、これもコンスタンティヌス帝の母親ヘレナがキリスト教徒だったことから思いつかれた創作であろう。しかしながら、アウレリアヌス帝がローマ市に巨大な太陽神神殿を建てて、専属の神官を設け、また四年に一度、一〇月に行われる大祭を定めたのは事実である。このこともまた、エラガバルス帝の太陽神信仰の導入と同じく、太陽神とみなされていたミトラス神に有利に働いたことであろう。

四世紀に作成された『フィロカルスの暦』は、一二月二五日を「不敗の（太陽）神の誕生日（Natalis Invicti）」としている。一二月二五日は冬至に当たり、太陽の力がもっとも弱まる日なので、この日が太陽神の誕生日とされるのは、一見奇妙だが、見方を変えれば、この日から太陽の力は増し始めるから、太陽神の誕生日とされたのである。この日を祭礼の日に定めたのもアウレリアヌス帝であったのだろう。そして、この日が、後にイエスの誕生日とされることになった。実は、イエスの誕生日がいつであったのかは『聖書』には書かれておらず、それが一二月二五日に決められたのは、四世紀になってからのことにすぎない。イエスは、一部では太陽神と同一視されていたこともあり、この日をイエスの誕生日とするのに都合がよかったのである。巷間では、イエスの誕生日は、もともとミトラス神の誕生日であったとされているが、正確には、その日は、アウレリアヌス帝の不敗の太陽神の誕生日だったのであり、ミトラス神の誕生日だったのではない。

帝権の守護者ミトラス

三〇八年、パンノニア地方のカルヌントゥムに、退位していた元皇帝のディオクレティアヌスと現役の皇帝ガレリウス、リキニウスの三人が集まり、同地のミトラス神殿を再建して、次の文言を刻んだ祭壇を奉納した（図Ⅱ－13）。

「帝権の守護者である不敗の太陽の神ミトラスのために、ユピテル神とヘルクレス神の加護を受けた敬虔なる正帝と副帝たちが、神殿を再建した」。

図Ⅱ-13　ディオクレティアヌスらが奉献したカルヌントゥムの祭壇

ミトラス神は、ついに「帝権の守護者」とまで呼ばれるようになっているが、しかしミトラス教は決して国教のような地位を得たのではない。ディオクレティアヌスらの守護神は、同じ碑文に書かれているようにあくまでも公的にはユピテルとヘルクレスであったのであり、彼らのミトラス神への行為は、古くからカルヌントゥムで根付いていたミトラス教に敬意を表したにすぎず、ローカルな意味しかもたなかったと思われる。

なお、アウレリアヌス帝の前任のクラウディウス帝（在位二六八―二七〇年）以後、ディオクレティアヌス帝とその同僚皇帝に至るまでの多くの皇帝は、その出自においてドナウ川流域の兵卒上がりの人間であったので、ミトラス教は、歴代皇帝にとって親しみあるものになっていたことは疑いない。確証はないが、彼らが実際にミトラス教の信者であった可能性も極めて高いのである。

ミトラス教の信者――兵士と奴隷、解放奴隷

以上のようにミトラス教は、二世紀後半以後、皇帝たちの近くにまで姿を現していたが、帝国の支配者層である元老院議員や騎士、都市参事会員らの階層には、ほとんど浸透しなかった。

M・クラウスの研究によれば、社会的地位の分かるミトラス教徒は、三二三名知られているが、このうち元老院議員は、一一名（約三パーセント。この数字には第V章で言及する四世紀末の一八名の元老院議員は含まれていない）にすぎず、騎士は三七名（約一〇パーセント）、都市参事会員は一八名で、これも比率にすれば、わずか六パーセントほどである。

信者の多くを占めていたのは、兵士と奴隷、ないし解放奴隷である。前者が三二三名中、一二三名で約四〇パーセント、後者は一三四名で同じく約四〇パーセントなので、あわせて八〇パーセントほどが、二つの特殊な人々によって占められていたことになる。

他方、社会的地位が分からず、名前のみ伝わる者が六七四名いるので、彼らを民間人として、この数字を含めた総計九九七名の割合で考えると、兵士は一〇パーセントほど、奴隷、ないし解放奴隷も同じく一〇パーセントほどに下がる。しかし、名前しか分からない者の中には、ローマ市民であるこ

とを明白に示す三つの名前をもつ者（四七五名）と一つの名前しかもたない者（一二九名）などがおり、後者の社会的地位は低く、奴隷の可能性があるので、後者を奴隷として数えるならば、総計で見ても、兵士や奴隷たちが合わせて四〇パーセントほどを占めていたことになるだろう。

西方辺境とイタリア

ミトラス教の地理的広がりは、その最初期の流布の主たる担い手である兵士や奴隷、解放奴隷の分布をそのまま反映していた（地図Ⅱ－3）。

地図から明らかなように、ミトラス教は、ライン川とドナウ川の流域に多くの遺跡を残しているが、これは先に述べたようにローマ帝国の兵士が、外敵に面したこの両河川の流域に集中的に駐屯していたからである。二世紀半ばのアントニヌス・ピウス帝治世の総軍団数は二八あったが、うちライン川流域の諸属州に四個、ドナウ川流域の諸属州には一〇個配備されており、この二地域に全軍団の半分があった。補助軍の数も、軍団の数に比例して配分されていたので、やはり半分ほどはライン川とドナウ川流域に置かれていたことになる。

ライン川の流域では、ミトラス教は特に属州上ゲルマニアに重点的に広がっていた。属州の州都のモゴンティアクムを初め、その周囲のニダ、ノイエンハイム、ディーブルクなどの補助軍の駐屯地にミトラス教の存在が確認されている。同属州で発見された浮彫の数は一八〇あり、これは全属州中でもっとも多い数である。また大型の浮彫が出土するのも、この属州の特徴である。

ドナウ川流域においても、上流から下流まで、ミトラス教の遺跡が並ぶが、中・下流域により多く

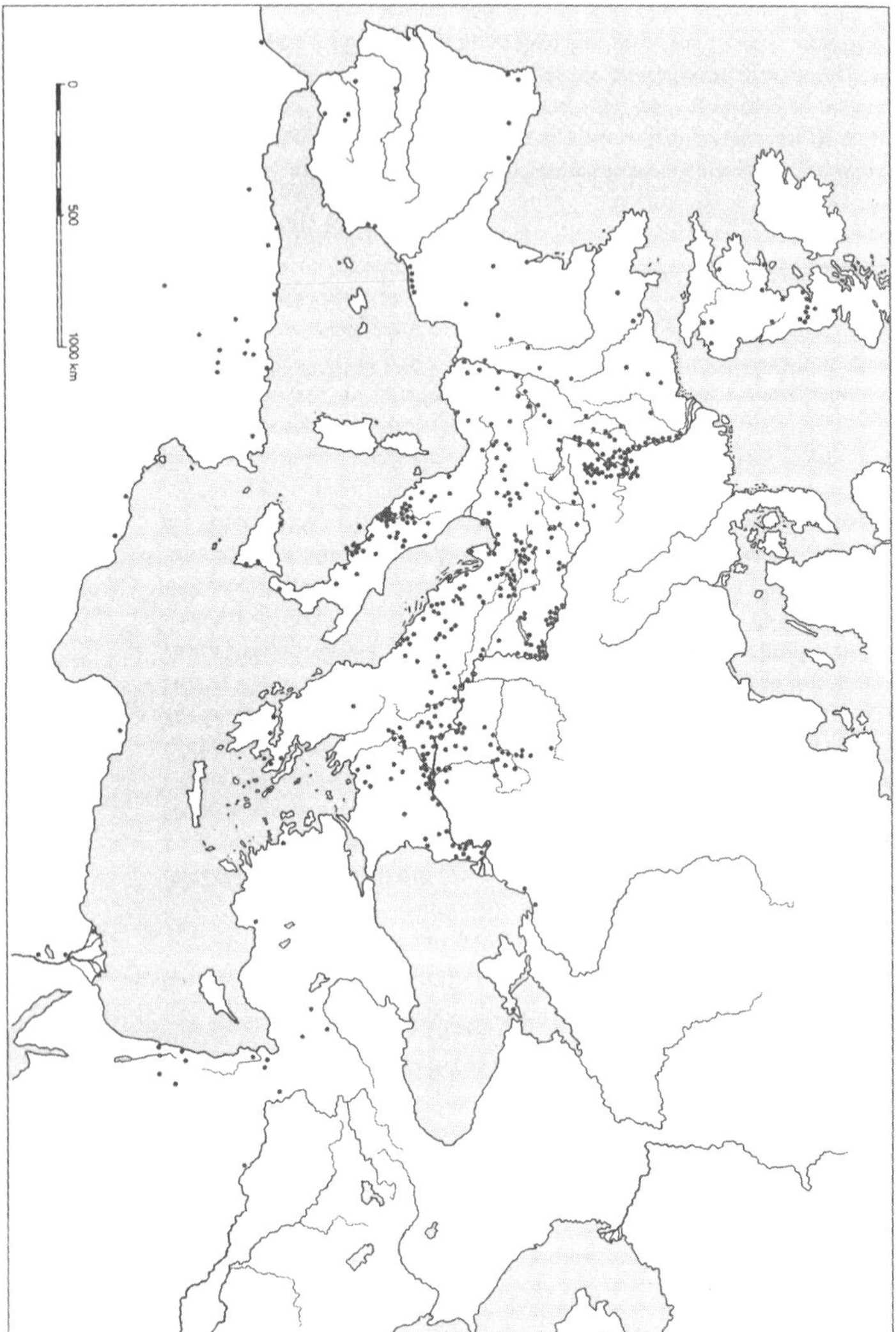

地図II-3 ミトラス教の分布

認められる。中流域の最初の集中地点の中心は、上パンノニア属州の州都で、軍団が駐屯したカルヌントゥムである。この都市には、五つのミトラス神殿があった。そのうち民間人居住区の城壁のすぐ外にあった第三神殿が最大で、二三×八・五メートルあり、三〇八年にディオクレティアヌスらが祭壇を奉献したのもこの神殿においてである。次にミトラス教の遺跡が集中するのは、ドナウ川が大きく南に湾曲するドナウベント（ドナウ大曲）であるが、その核はやはり軍団の駐屯地であったアクインクム（現ブダペスト）である。アクインクムでも五つのミトラス神殿が見つかっており、この都市が属した属州下パンノニアから出土するミトラス教遺物の半数以上が出土している。

ドナウ川下流域の北方にもミトラス教の広がりがあるが、この辺りはかつてのダキア地方に当たる。キュモンは、属州ダキアでミトラス教ほど繁栄した宗教はなかった、と言っているほどである。州都であったサルミゼゲトゥサはその最大の中心地で、この属州から出土した浮彫の半分と碑文の三分の一はこの都市に由来する。同じくダキアのアプルムには、四つのミトラス神殿があったことが分かっている。

軍とミトラス教との関係が最も明白なのは、ブリテン島である。この島のミトラス教の遺跡は、北部のハドリアヌスの長城に沿った要塞に集中している。イギリスの児童文学作家R・サトクリフの小説『第九軍団のワシ』（一九五四年）の主人公は、長城沿いの要塞に駐屯する補助軍の司令官で、ミトラス教徒として描かれているが、いかにもありそうな設定である。これに対して、長城以南には、ミトラス教はあまり浸透しておらず、わずかな遺跡もそのほとんどが軍の駐屯地であり、唯一の例外は、ロンディニウム（現ロンドン）である。ロンドンのミトラス神殿は、一九五四年にシティと呼ばれる金融の中心街から発見された。

内陸では、バルカン半島北西部にミトラス教の遺跡が多いが、これには先に言及したようにポエトウィオに拠点を置いた税関組織が関係していた。

そして、ミトラス教がもっとも浸透していたのは、イタリアであった。ミトラス教の奉献碑文の約三分の一は、イタリアから出ているのである。中でもミトラス教の一大中心地となっていたのは、ローマ市である。先に推定したように、発祥の地であるローマ市には、早くからミトラス教が広まっていたからであろう。ローマ市内を流れるティベル川河口にあった港町オスティアにも一六のミトラス神殿があったことが確認されている。一方、イタリアには、七九年にヴェスヴィオ火山の噴火によって埋没したポンペイがあるが、この都市からは、ミトラス教の遺物は出土していない。この段階では、ミトラス教はまだポンペイにまで伝わっていなかったのであろう。

信仰の空白地帯

しかし、以上に挙げた地域以外には、ミトラス教はほとんど広がっていなかった。すなわち、ガリアやイベリア半島、北アフリカ、バルカン半島中南部、さらにはギリシア、小アジア、シリア、エジプトといった地域がそれに当たる。特にローマ帝国東部へのミトラス教の浸透度は、著しく低い。原因の一端は、ガリアやイベリア半島、バルカン半島中南部には軍があまり駐屯していなかったことが考えられるが、小アジア東部やシリア、エジプトにはそれなりの規模の軍が置かれていたことを想起すると、ミトラス教の浸透具合は、軍の有無という点だけでは説明がつかない。この問題は、ミトラス教の本質的な性格とも関係してくるので、終章で改めて取り上げることにしたい。

現在、確認できるミトラス教の東の到達点は、シリアのドゥラ・エウロポスであり、この宗教がユーフラテス川以東の地に広がっていた形跡はない。

なお、中央アジアのウズベキスタンのカラカマル洞窟遺跡からは、第一五軍団アポリナリスの兵士の手で「不敗のミトラス」と書かれたラテン語碑文が発見されたとの情報がある。この碑文は、ミトラス教の専門家の間では重視されていないが、パルティアやササン朝との戦いの過程で、ミトラス教徒のローマ軍兵士が捕虜となって連行され、その結果として、ミトラス教がユーフラテス川以東へもたらされた可能性は排除できない。中央アジア史が専門の稲葉穣によれば、アゼルバイジャンのマラーガ南郊には、「地下を掘り込んでつくった宗教施設らしき跡」が残り、「マアバデ・メフリー（ミトラ教の神殿）」の看板がかかっているという。また、中国の求法《ぐほう》僧法顕や玄奘の旅行記によれば、ナガラハーラ（現アフガニスタンのジャララバード近郊）には、仏影窟と呼ばれる洞窟があり、洞窟の奥に仏の姿が映し出された。昔、この洞窟には悪龍が住み着いていたが、仏が退治した。退治された悪龍が、いつまでも仏の姿を目にすることができるよう求めたところ、仏はその影を洞窟の奥に残したとされている。インド学者の定方晟《あきら》は、この仏影窟を「ミスラエウム（ミスラ神殿）の仏教版」と解釈する。件の悪龍は、もとは「牛飼いの男」であったとされており、牛との関わりが出てくるのもミトラス教を思い起こさせる。しかし、繰り返しになるが、ミトラス神殿自体は、ユーフラテス川以東で見つかっているわけではないので、仮に中央アジア方面にミトラス教の影響があったとしても一時的、限定的なものであっただろう。

第Ⅲ章

密儀と七つの位階

——ギリシア神話との関係

図 III-0　ミトラス教の儀式で使われた鉄製の冠

秘儀と公開の祭儀

密儀宗教は、何らかの儀式を経て神との特別な関係を結んだ入信者にのみ秘密の教義が明かされるところにその特徴があった。

二世紀のアプレイウスの小説『黄金の驢馬』では、魔法でロバに姿を変えられた主人公のルキウスが波乱万丈な経験をした後、最後にはイシス神の力で人間の姿に戻り、秘儀に参入することになるが、事前に一〇日間、肉食や飲酒が禁じられる。秘儀の当日には、「大祭司は今まで誰も着ていなかった真新しい亜麻の着物で私〔ルキウス〕を包み、私の右手をとって内陣の最も奥まった部屋に連れて行」く（第一一巻二三、国原吉之助訳）。しかし、その後、連れていかれた部屋で何が行われて、何が説かれたのかを外部に語ることは許されていない。キュベレとアッティスの秘儀にも、やはり入信者にのみ明かされる秘密の教義があったようで、二世紀に活躍したキリスト教の護教家アレクサンドリアのクレメンスは、アッティスの秘儀に関わるとされる「わたしは太鼓から食べた。わたしはシンバルから飲んだ。わたしは壺を運んだ。寝屋にもぐりこんだ」（秋山学訳）という不思議な言葉を『プロトレプティコス』（一五）で伝えている。

他方で、いずれの秘儀にも、一般の人々が参加できる公開の祭儀が存在していた。イシスの秘儀には、年に二回、春と秋に大祭があった。春の大祭は、三月五日に行われる「イシスの航海」である。これは、イシスが夫オシリスを探しに航海に出た日を記念して行われ、信者たちは行列を作って海まで向かい、儀式用の船を海に解き放った。秋の大祭は、「オシリスの発見」であり、一〇月二八日から一一月三日にかけて繰り広げられた。オシリスの死を皆で嘆き、その遺体を捜索する劇が神殿で演じられ、最後の日には遺体が発見されたことを喜んで、信者たちは行列をなして町の中を練り歩いたのである。

キュベレとアッティスの秘儀については、まずアッティスの祭儀が三月一五日から二七日に、つづいてキュベレのそれが四月四日から一〇日まで行われた。アッティスの祭儀は、この神の死と再生を祝い、祭儀のクライマックスとなる三月二四日は、アッティスが自ら去勢した際に流した血にちなんで「血の日」とされた。この日には、アッティスの象徴である松の木の周りで、笛やシンバルが鳴らされる中、去勢した神官たちが血を流すまで自らを鞭打ち、その血を祭壇などに塗り付けた。周りの群衆からは、その狂乱の中、自ら去勢する者も出たという。キュベレの祭儀は、メガレシア祭と呼ばれ、女神のローマ市到来を記念してなされた。期間中は、女神にまつわる神話が劇として上演され、最終日には、戦車競走が催され、女神の像も戦車に乗って人々の前に登場した。

ミトラス教もまた、秘儀を受けた入信者にのみ、その秘密の教義が明かされるという点では、イシスの秘儀やキュベレとアッティスの秘儀と変わらなかったし、また神話に基づいた儀式も存在していた。しかし、ミトラス教には、一般の人々に公開される祭儀はなく、また女性は信者になることはできなかった。そこには、やはり教祖の存在とその意志を感じざるを得ないだろう。

排除された女性

女性がミトラス教の信者になれなかったことは、史料に明記されているわけではなく、今のところ明白な女性の信者が確認されていないという事実から導き出された結論にすぎない。しかしながら、何らかの教義上の理由からミトラス教では女性が積極的に排除されていたと考えるべきだろう。

三世紀の新プラトン主義哲学者のポルピュリオスによれば、「密儀に真に与る者は「ライオン」、女性は「ハイエナ」、密儀に奉仕する者は「カラス」と呼ばれていた」という。この記述は、ミトラス教の入信者に女性がいたようにも読めるが、R・ゴードンは、「ハイエナ」は女性一般に対するミトラス教徒の呼称であったと解し、「ハイエナ」が古代においては闇の世界や魔術に関わる不吉な生物とみなされていたことから、「ハイエナ」の呼称にミトラス教の女性観を見て取っている。

ミトラス神は、女性からではなく、岩から生まれたとされていた（図Ⅲ-1）。岩から生まれるミトラス神の浮彫や彫像は、「牡牛を殺すミトラス神」に次ぐ量で出土している。造形はほぼ共通しており、ミトラス神は、岩から半身を出し、頭にはフリュギア帽子を被り、衣服は身に着けていない。右手には、牡牛を刺すことになる短剣を握り、左手には松明を持っている。ある碑文によれば、ミトラス神は「光を生み出す者（genitor luminis）」であり、別の碑文によれば、「不敗の太陽神にして、岩から生まれた生命を育む者（deo genitori rupe nato）」である。なぜミトラス神が岩から生まれたのかを直接説明してくれる史料は残されていないが、その手掛かりとなる神話が二世紀に書かれた伝プルタルコス『諸河川について』に残されている。

アラクセス川〔アルメニア地方の川〕のそばに、大地の子ディオルフォスにちなんで、ディオルフォンと呼ばれる山がある。この山については、次のような話が伝えられている。ミトラス神は、子供を産もうと思ったが、女の種族を憎んでいたので、ある岩に向かって精液を出した。岩は妊娠し、一定の期間ののち、ディオルフォスという子を産んだ。ディオルフォスは、成人すると、武勇を競うためにアレス神を呼び出し、勝利した。ディオルフォスは、神々の配慮によって、同じ名前の山に変えられた。

この神話は、ミトラス教の神話そのものではなく、また岩から生まれたのはミトラス神ではなく、その子供である。しかし、ここには、明らかに岩から生まれるミトラス神の神話がゆがめられた形で反映しているとみて間違いないであろう。そして、そうであるならば、ミトラス神が岩から生まれた理由は、ミトラス神が「女の種族を憎んでいた」からということになる。このことを裏付けるかのように、ミトラス神には、母親がいないだけでなく、配偶神も存在しなかった。ミトラス教以外の異教の神には、例えば、イシスにはオシリス、キュベレにはアッティス、ユピテル・ドリケヌスにはユノという配偶神がいた。配偶神がミトラス神にいないのも、やはりミトラス神が「女の種族を憎んでいた」からなのであろう。

では、男性であれば、希望すれば誰でもすぐにミトラス教徒になれたのか、と言えば、そうではない。教徒になるためには、神殿で行われる入信の儀式を受けなければならなかった。

図III-1 岩から生まれるミトラス神

ミトラス神殿

ミトラス神殿は、帝国各地から数多く発見されているが、その基本構造は共通していた。神殿は、ミトラス神が牡牛を殺した洞窟を模していることは既に述べた通りであり、そのため半地下になっており、階段で下っていった。神殿に付属して儀式の準備を行う前室や台所などが付くこともあったが、これらは地上にあった。神殿の形状は縦長で、一番奥に「牡牛を殺すミトラス神」の像が安置されていた。像は、普段はヴェールで覆われていたようである。像の前には、祭壇が置かれていた。

神殿の中央には通路があり、その左右には、必ずベンチが設《しつら》えてあった。ベンチは、信者が儀式的な会食をするためのもので、信者はここに横臥して食事をとった。横臥して食事をとること自体は、ローマ人に共通する習慣である。

神殿の規模が、奥行き二〇メートルを超えることはほとんどなかった。この規模を持ったカラカラ浴場に付属したミトラス神殿や上パンノニア属州のカルヌントゥムの第三ミトラス神殿などは、例外的な大きさであったことになる。ちなみに、最大のミトラス神殿は、スペインのタラゴーナ近郊で二〇〇四年から翌年にかけて発掘されたもので、神殿本体だけで三〇×八メートルあった。小さなミトラス神殿の例としては、ドイツのヴィーズロッホのものが五・七×四・六メートル、あるいはオスティアのディアナの家のミトラス神殿が六×四メートルだった。ミトラス神殿は、狭い地域にも複数建てられることもあった。ニダの町は、〇・四平方キロメートルしかなかったが、この小さな町にミトラス神殿が同時期に三つ機能していた。これは儀式を少人数で行うのが基本とされていたからであろう。

洞窟をミトラス神のために最初に捧げたのは、ポルピュリオスの引用に見えるエウブロスによれば、ゾロアスターであった。ゾロアスターの洞窟は、ペルシアの山中にあり、中には泉があって、花が咲いていた。洞窟は万物を含む宇宙の象徴であり、「万物の創造者にして父」であるミトラス神にふさわしいものとされたのである。そのため、時にドリケの神殿のように自然洞窟が神殿として利用されることもあった。ミトラス神殿はイタリアでは、ラテン語でそのまま洞窟を意味するスペラエウムと呼ばれた。一般的に神殿を指すテンプルムという言葉も使われたが、これは主に属州で見られた習慣である。M・クラウスは、ミトラス教発祥の地であるイタリアでは本来の呼び名であるスペラエウムが根強く残ったのだろうと推測している。自然洞窟を利用する場合、神殿は必然的に郊外にあることになったが、そうでなければ、都市内に造られた。その場所は、個人の邸宅の一室や、兵舎や公衆浴場といった公共施設の一角など、実に様々であった。

また、神殿は、「洞窟」であったとはいえ、宇宙をも象徴していることを示すため、時に天井には、星々が描かれることもあった。

入信の試練

洞窟状の神殿で行われた入信の儀式については、四世紀の教父ナジアンゾスのグレゴリウスがミトラス教の「拷問」としてたびたび言及しているが、六世紀初めの修道士ノンノスによれば、ミトラス教では、八〇もの試練が課された。最初に五〇日間ほどの断食が求められ、これに耐えれば二日間、熱にさらされ、次いで雪の中に二〇日間入れられ、試練は段階を追って厳しくなっていったという。ただし、ノンノスは、八〇の試練を経て「完成」に至ったとしているので、入信に際してのみならず、各位階を上がるときに課された試練も含めて八〇としているようである。一〇世紀の『スーダ辞典』には、簡潔に「何人《なんぴと》も、試練を経て、自身が神聖で、意志堅固であると示さなければ、入信を許されなかった」と記されている。

これらキリスト教徒の伝承には明らかな誇張が認められるが、ミトラス教の入信希望者が試練を経験しなければならなかったのは事実である。

イタリア南部の都市ナポリに近い町サンタ・マリア・カプア・ヴェテレで一九二二年に発見されたミトラス神殿からは、入信の儀式の場面を描いたと思われる壁画が、神殿中央の通路を挟んで左右におかれたベンチの通路に面した側面に描かれていた。もともとは右に六つ、左に七つの場面があったが、比較的保存状態がよいのは、右の四つと左の三つである（図Ⅲ－2）。神殿は、二世紀前半から四世紀半ばまで利用されたようであるが、入信の儀式の場面は三世紀前半のものと推定されている。

右側の入り口に一番近い壁画（図Ⅲ－3）に描かれていたのは、目隠しをされた裸の入信者とその後ろに立って入信者の肩に手をかけた白いテュニカを着た導師である。その奥の壁画（図Ⅲ－4）に

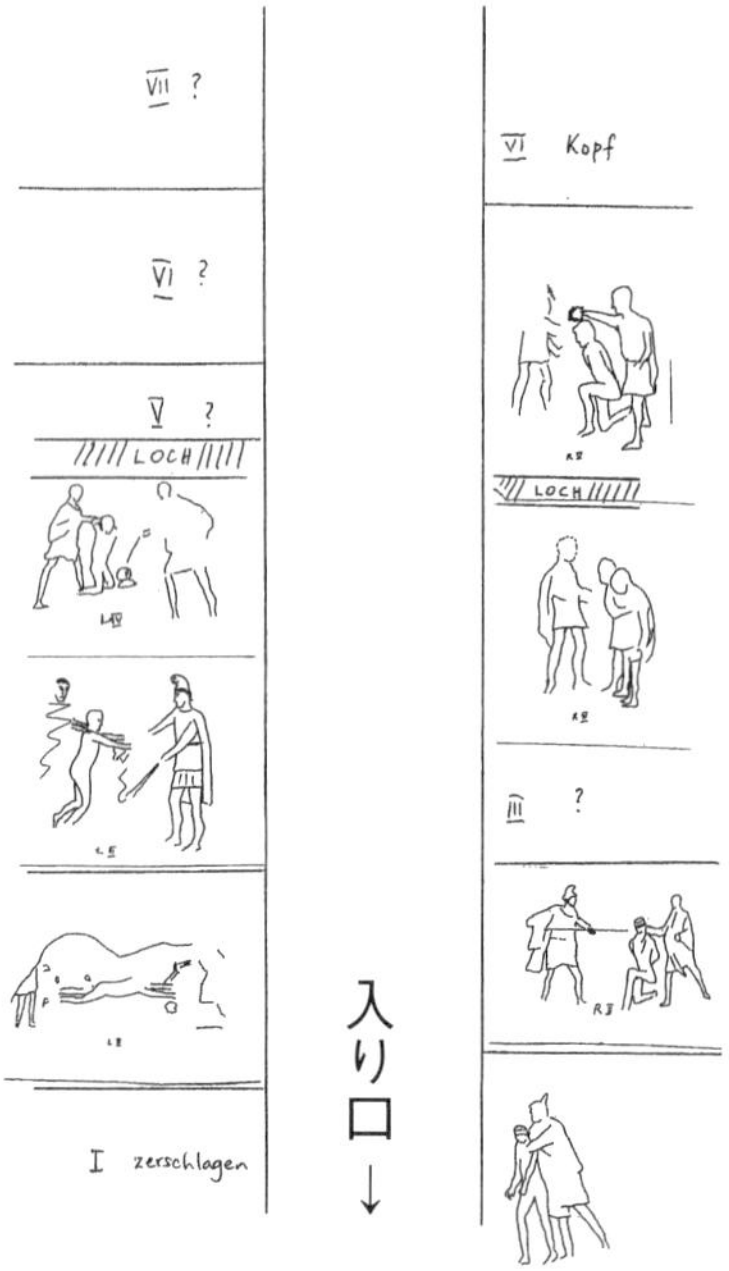

図III-2 カプアのミトラス神殿の壁画のスケッチ

は、三人の人物が描かれている。まん中にいる入信者は目隠しをされて、後ろ手に縛られたままで片膝を地面について跪《ひざまず》いている。背後には導師が立って入信者の頭を前に押しているか、あるいは振り向こうとするのを妨げているように見える。そして、前からは、松明を手にした人物が近づいている。この人物は、兜を被り、マントを翻しているので、「兵士」の位階にある者で、火による試練を課していると、M・フェルマースレンは解釈する。別の解釈では、入信者に近づく人物が手に持つの

図III-3 カプアのミトラス神殿の壁画（右１）

図III-5 カプアのミトラス神殿の壁画（右５）

図III-4 カプアのミトラス神殿の壁画（右２）

は剣で、頭に被っているのはフリュギア帽子であり、この場合、この人物は、「父」の位階にある神殿の最高位にある人物で、入信者を「解放」することによって、ミトラス教の信者として迎え入れていると考えられる。四世紀のキリスト教徒アンブロシアステルによれば、入信者は、目隠しをされて、鶏の腸で手を縛られ、水の入った溝を飛び越え、その後、「解放者」と呼ばれる者が剣をもって近づいてきて、鶏の腸を切ったとされているからである。

右ベンチの奥に向かって四つ目の壁画にも、三人の人物が認められる。まん中には裸の入信者がいるが、目隠しは取れている。後ろには導師がおり、導師は体を前に傾けている。二人の前には、マントを付けた人物が立っている。五つ目の壁画では、入信者が手を縛られたままで、片膝を立てて跪いている(図Ⅲ-5)。やはり目隠しは外されている。そして、後ろに立つ導師が、入信者の頭に冠を載せようとしている。冠に関する儀式は、二世紀の教父テルトゥリアヌスの『兵士の冠について』(第一五章)に次のような言及がある。「ミトラス神の兵士〔=信者〕は、「真に闇の陣営である洞窟において入信の儀式を受けるとき、殉教のまねのように、剣の先に吊るした冠が彼にさし出され、次に彼の頭に置かれるが、彼は「ミトラス神がわたしの冠である」と言いながら、冠を頭から手で荒っぽく払いのけ、できれば肩にのせるようにと諭される」(木寺廉太訳)と。この儀式で使われた可能性のある鉄製の冠が南ドイツのギュクリンゲンのミトラス神殿で見つかっている(扉図Ⅲ-0)。

左のベンチの二つ目の壁画では(図Ⅲ-6)、入信者は、手足を伸ばしてうつ伏せになっている。入信者の頭と足の部分には何か描かれていた痕跡があるので、何かの上でうつ伏せになっているのかもしれない。フェルマースレンは、横たわる入信者の背中の上にサソリの姿を認めている。入信者の足元には導師が、頭のほうにはマントを付けた人物が立っているようである。

ミトラス教では、入信に際して模擬的に死に、信者として生まれ変わる儀式が行われていたので、左の二つ目の壁画は、この儀式と関係しているのかもしれない。「はしがき」で述べたように、コンモドゥス帝は、ミトラス教の儀礼を「実際に人を殺すことで汚した」とされていたが、この話は実際に人は殺さないが、殺すような儀式がミトラス教にあったことを示している。イギリスのハドリアヌスの長城の要塞のひとつ、カラバのミトラス神殿からは、石製の棺のようなものが発見されているが、これもまたおそらく、死を演出するために入信儀礼で用いられたのであろう。また、ローマ市のサンタプリスカ教会地下のミトラス神殿の壁面には、二〇二年の一一月二〇日に「最初の光の下で生まれた」との文言が記されていたが、この「生まれた」も信者の実際の誕生日ではなく、信者として新たに生まれたことを意味していると考えられる。身に着けると、まるで剣が突き刺さったかのように見える器具（図Ⅲ－7）も発掘されている。

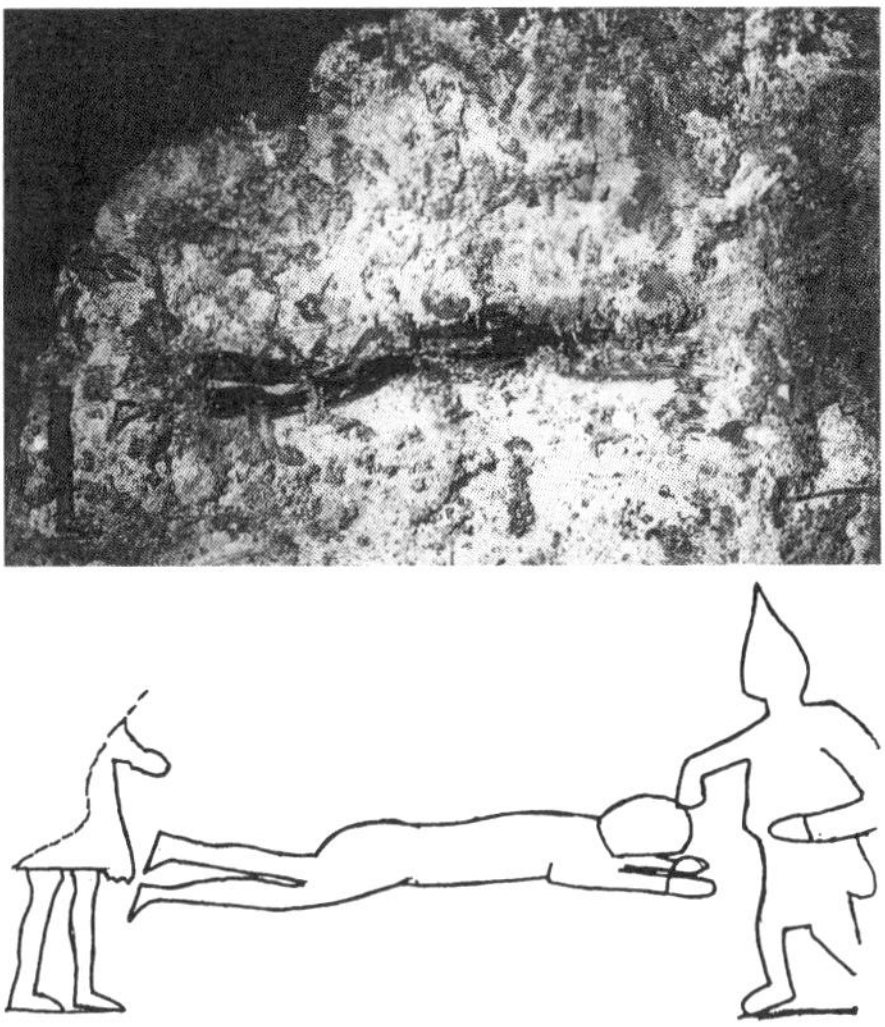

図III-6 カプアのミトラス神殿の壁画（左2）（上：壁画、下：壁画のスケッチ）

左のベンチの入り口から三つ目の壁画で

図III-7 儀式的殺人の器具

は、入信者が両膝をついて跪き、両手を前に伸ばしている。その後ろには導師が立ち、手を入信者の肩に置いている。前からは、兜、あるいはフリュギア帽子を被り、マントを着けた人物が、両手でもった松明を入信者の手に近づけている。

そして、四つ目の壁画に描かれていたのは、入信者と導師、そして杖か剣のようなものをもつ人物である。フェルマースレンの解釈では、入信者は、両膝で跪きながら両手を胸の辺り、あるいは頭の後ろで交差させ、左手には酒器をもち、肩越しに後ろに立つ導師に向けている。導師は、左足で入信者のふくらはぎを踏みながら、右手にもった器から酒を入信者がさし出す酒器に注いでいる。入信者の前には、右手に杖のようなものをもった人物が立ち、この人物と入信者の間には、パンのようなものが床に置かれていた。

酒とパンは、二世紀の教父ユスティノスの伝えるミトラス教の聖餐式を思い起こさせる。彼の『第一弁明』（六六―四）によれば、「悪霊共はこれ〔キリスト教の聖餐式〕を模倣して、ミトラの密儀でもこれを行うようにとの教えを伝えました。すなわち、奥義にあずかる者の秘儀において彼らが、パンと水の杯をある呪文とともに用いている」（柴田有訳）と書き残しているのである。壁画の場面は、この聖餐式に関係するものかもしれない。

七つの位階

一連の試練と儀式を経て、ミトラス教徒として生まれ変わった者には、まずは「カラス」の位階が与えられた。これまでも言及してきたように、ミトラス教の信者には、七つの位階があった。それは、下から順に、カラス、花嫁、兵士、ライオン、ペルシア人、太陽の走者、父である。位階の名称は、四世紀の聖ヒエロニムスが伝えており、またローマの港町オスティアのフェリキッシムスのミトラス神殿の床モザイクやローマ市のサンタプリスカ教会地下のミトラス神殿の文言などからも確認できる。位階の上昇に際しては、さらなる試練、ないし儀式が課された。その場面を描いたと思われる壁画も残っている。

位階が全ての信者に与えられていたのかについては議論がある。クラウスは、碑文史料から名前の知られる信者一〇五〇名ほどのうち、位階をもっていた者がおよそ一五パーセントであったことから、位階は全ての信者に与えられたのではなく、一部の神官に当たる者だけに与えられたと主張した。しかし、碑文を刻む際に位階を明示する義務がミトラス教徒にあったわけでもないので、この事実から位階保持者＝神官と断定するのは難しい。多くの学者は、位階は信者全てに与えられたと考えており、筆者もそう見ることが適切だと考えている。

他方で、碑文には、祭司を意味するサケルドス、あるいはアンティステスなどの専属の神官の存在を示すような言葉が出てくるのも事実であるが、これらの言葉は、「父にして神官」、あるいは「ライオンである神官」など、「父」、あるいは「ライオン」と共に現れるので、「密儀に真に与る者」とされたライオン以上の位階の者が「神官」と呼ばれたにすぎないのだろう。この事実も、イシスの秘儀

図III-8 マインツの壺

やキュベレとアッティスの秘儀には専属の神官、すなわち前者には剃髪した神官が、後者には去勢した神官がいたことと大きく異なっている。ミトラス教は、専属の神官がいなかったという点では、有力な政治家が交代で神官職についていたローマの伝統的な宗教に近かったのであり、ミトラス教の西方起源を支持するだろう。

七つの位階の形成過程について、R・テュルカンは、「カラス」と「ライオン」と「父」の三つの位階だけがもともとミトラス教にあった位階であり、それ以外の位階は、二世紀の終わりに、七つの「惑星」に合わせて、追加されたものであるとの説を提唱している。しかし、二世紀の最初の四半世紀のものとされるドイツのマインツから出土した壺絵（図Ⅲ－8）には、後述のように、「兵士」と「太陽の走者」の位階にあると思しき人物が描かれており（図Ⅲ－17）、七つの位階はミトラス教の初期に遡る可能性が高い。七つの位階も、教祖によって一気に考案されたものと見るべきである。

カラス（Corax）

カラスの位階にある者は、儀式に際してカラスの仮面を付けた。ミトラス教には、太陽神とミトラス神の饗宴を模倣する儀式があったが、この儀式を描いたボスニア・ヘルツェゴビナのコニッ出土のレリーフには（図Ⅲ－9）、カラスの仮面を付けた者が給仕役として登場する。また、アンブロシアステルによれば、「［信者の］ある者は、鳥のように羽をバサバサさせ、カラスの声を真似した」。オスティア市のフェリキッシムスのミトラス神殿の床モザイクには、七つの位階とその象徴物が描かれており（図Ⅲ－10）、カラスの位階の部分には、カラスの姿とビーカーと伝令がもつ杖が描かれている。杖は、メルクリウス神（＝水星）の象徴であり、カラスはメルクリウス神と関係づけられていた。

図III-9 太陽神との祝宴

花嫁（Nymphus）

原語のニュンフスは、花嫁を意味するニュンファの男性形であり、ミトラス教でしか使われない特殊な言葉である。強いて訳せば、男性の花嫁となる。

フェリキッシムスのミトラス神殿の床モザイクには、一部破損しているが、オイルランプと髪飾りが認められる。髪飾りは、ウェヌス神（＝金星）の象徴である。ローマ市のサンタプリスカ教会地下のミトラス神殿の壁面には、

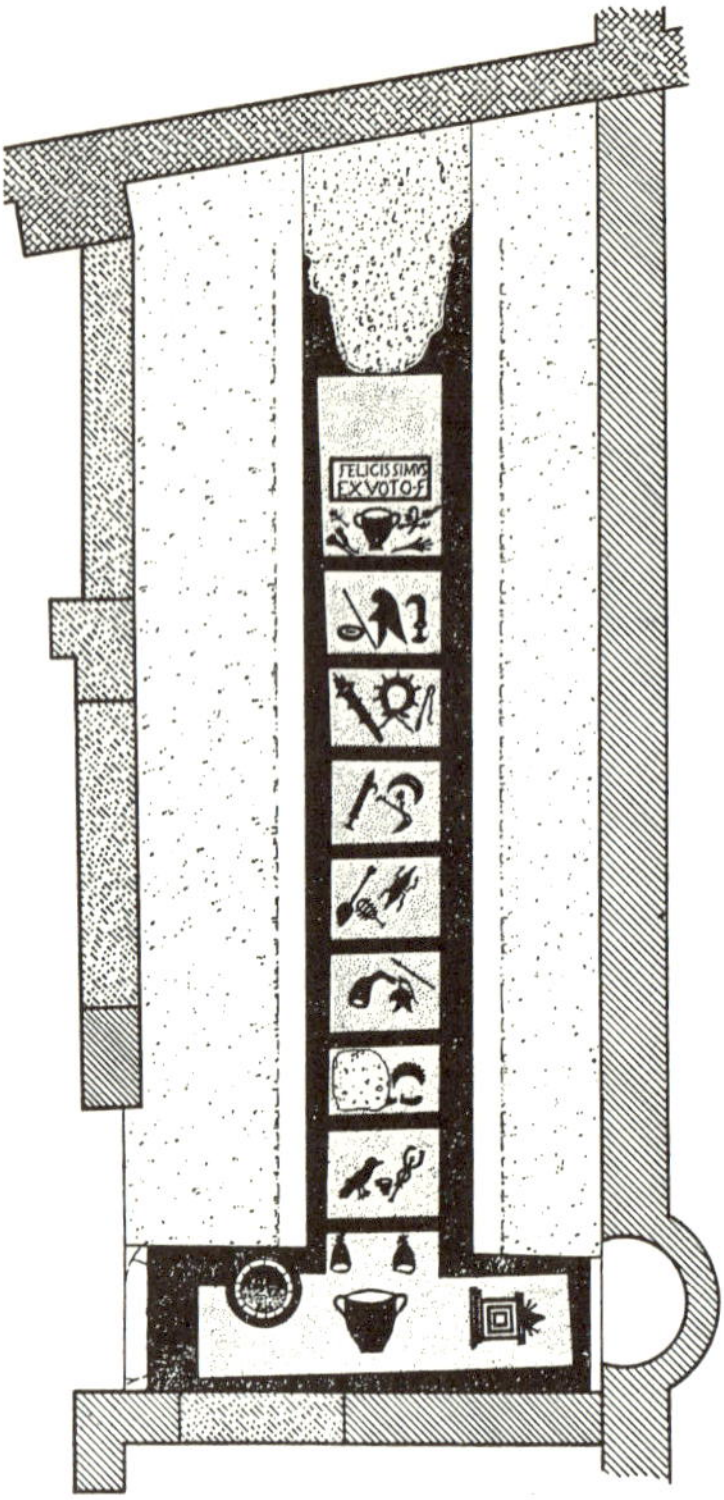

図III-10 フェリキッシムスのミトラス神殿の床モザイクのスケッチ

「ウェヌス神の庇護下にある花嫁たちよ、万歳（nama）」と書かれていた。カラスについてはこのような文言は残っていなかった。「万歳」に当たる、nama という言葉は、ペルシア語である。四世紀のキリスト教徒の著作家フィルミクス・マテルヌスは、「見よ、花嫁よ、花嫁に万歳、新しい光である花嫁よ」との似たような花嫁への呼びかけの言葉を記録している。この位階にある者は、おそらくヴェールを被り、暗い神殿の中で、ランプを灯していたのであろう。

兵士（Miles）

やはりフェリキッシムスのミトラス神殿の床モザイクから、兵士の象徴物は背嚢と槍と兜であったことが分かる。これらは軍神マルス（＝火星）の象徴であり、サンタプリスカ教会地下のミトラス神殿には、「〔マルス神の庇護下にある、獰猛な？〕兵士たちよ、万歳」とあった。兵士は、マルス神と関係づけられていた。

先に見たように、教父のテルトゥリアヌスは、「ミトラス神の兵士」と冠の儀式に言及しているため、冠の儀式は、兵士の位階に入るためのものと解する向きもあるが、筆者は「ミトラス神の兵士」は、ミトラス教徒全体を指すものと考えているので、そうではなく、入信の儀式とみたい。

ライオン（Leo）

ライオンの位階にある者は、カラスの位階の者と同様に、儀式に際してライオンの仮面を付けた。やはりアンブロシアステルには、「〔信者の〕ある者は、ライオンのように唸った」とある。フェリキッシムスのミトラス神殿の床モザイクでは、ライオンの象徴物は、薪シャベルとシストルム（＝イシス神のもった振鈴）、そして稲妻である。稲妻は、ユピテル神（＝木星）の持ち物である。サンタプリスカ教会地下のミトラス神殿の壁面には、「ユピテル神の庇護下にある〔ライオンたちよ、万歳〕」とあり、ライオンは最高神ユピテルと関係していた。

同神殿の壁面には、五名のライオンの位階にある者たちが行列をして捧げものをする姿も描かれており（図Ⅲ－11）、「ライオンであるティネティリウス、万歳、ライオンであるニケフォルス、万歳、ライオンであるテオドルス、万歳」などと書かれていた。彼らはみな赤い衣服を着ていた。赤い色は火との関連を示している。三世紀の新プラトン主義哲学者のポルピュリオスは、ライオンの位階に入る者は、その手を蜂蜜で清められたとするが、それは火と結びついたライオンが水を忌むからであり、また蜂蜜は浄化の力をもつとされたからであった。

ライオンの位階へ入る際に行われた儀礼とされる場面が、第Ⅱ章で言及したイスラエルのカエサレアのミトラス神殿の壁面に残っている。壁画は、幅六五×高さ五〇センチメートル。この中に三つの場面が描かれていた(図Ⅲ−12)。ひとつは二人の人物が捧げものをしている場面で、一人は鶏を、もう一人はパンをもっていた。これはサンタプリスカ教会地下のミトラス神殿のライオンの位階の者たちの行列と類似している。もう一つは、フリュギア帽子を被りマントを付けた「父」が「ライオン」の位階に入る者の手に蜂蜜らしきものを注いでいる場面である。三つ目は、盟約の場面で、ミトラス神と太陽神が壺を挟んで握手しようとしている。この三つ目の場面は神話的ではあるが、ミトラス教徒は位階の上昇に際して、最後に「父」の位階にある者と新たに盟約を結んだと考えられているので、この点を考慮に入れると、この場面も神話のそれではなく、ライオンの位階への上昇の最後の儀式を描いていると解釈できる。

ライオンの位階へ入るための儀式がわざわざ壁画に描かれたのは、その地位が重要だったからである。ポルピュリオスが「密儀に真に与る者」はライオンと呼ばれ、儀式の手伝いをする者はカラスと呼ばれたと伝えていたように、ライオン以上が真のミトラス教徒だったのである。ライオンの位階は父に次いで、碑文史料で言及される頻度がもっとも高い。位階を刻んだ碑文一七〇のうち、「父」に言及するものは一二二、「ライオン」が四一となっている。この事実もライオンが特別な位階であることを示している。イタリア中部のサン・ジェミニから出土した碑文には、「レオンテウム(ライオ

図III-11 サンタプリスカ教会地下のミトラス神殿壁画

図III-12 カエサレアのミトラス神殿壁画（上：壁画、下：壁画をイラストにしたもの）

ン部屋)」との言葉が見られ、ライオンの位階の者専用の部屋がミトラス神殿に設けられていたこともあった。同じくイタリア中部のセンティーノからは「ライオンたちの父」と書かれた碑文も見つかっており、ライオンの位階には、彼らを束ねる「父」もいたことが分かっている。

ペルシア人(Perses)

フェリキッシムスのミトラス神殿の床モザイクでは、ペルシア人の象徴は、アキナケス(ペルシア風の剣)と鎌、そして三日月である。三日月は、言うまでもなく月なので、ペルシア人は、月の女神ルナと関係づけられていたのである。サンタプリスカ教会地下のミトラス神殿の壁面にも、ペルシア人と月を結び付ける文言が書かれていたはずだが、その部分は消えてしまっている。ポルピュリオスによれば、ライオンと同様、ペルシア人にも蜂蜜が捧げられたが、それは蜂蜜のもつ防腐力の故であった。ペルシア人は、「果実の守り手」とされる。

太陽の走者(Heriodromus)

この位階が象徴するのは、フェリキッシムスのミトラス神殿の床モザイクでは、松明と七本の光線を発する冠、そして御者用の鞭である。太陽神は、天空を馬車に乗って走るため、御者用の鞭が、太陽神の持ち物になるのである。サンタプリスカ教会地下のミトラス神殿の壁面には、「太陽神の庇護下にある太陽の走者よ、万歳」とあった。

父（Pater）

位階の最上は、この父である。父は碑文においてもっともよく言及されるが、これはその地位からして当然のことであろう。父も複数おり、その長は「父の中の父」と呼ばれた。フェリキッシムスのミトラス神殿の床モザイクでは、父の象徴物は、ミトラス神の被るフリュギア帽子と神事用の盃、杖と鎌である。杖と鎌は、サトゥルヌス神（＝土星）の持ち物である。やはりサンタプリスカ教会地下のミトラス神殿の壁面には、「サトゥルヌス神の庇護下にある父よ、東から西へ万歳」とあった。

以上の七つの位階について注目されるのは、位階が、惑星でもある七柱の神々にそれぞれ対応していたことである。これはミトラス教の教義と関わってのことであったと思われるので、改めて次章で取り上げたい。

また、七つの位階は、ミトラス教の神話の登場人物でもあった。例えば、「牡牛を殺すミトラス神」のシーンには、カラスとライオン、月神、太陽神、ミトラス神が描かれるが、彼らには、それぞれカラス、ライオン、ペルシア人、太陽の走者、父の位階の者が対応している。花嫁と兵士に対応するものは定かではないが、蛇とサソリがそれに当たるのかもしれない。七つの位階が神話の登場人物と対応しているのは、ミトラス教の儀式では、神話の再演がなされていたからである。

ミトラス教の神話

ミトラス教の神話については、そのさまざまな場面が浮彫や壁画に数多く残されているが、ストーリー自体は伝えられていない。しかし、概ね次のようなものであったと推定できる。

先に見たように、ミトラス神は岩から生まれた。岩から生まれようとするミトラス神をカウテス神とカウトパテス神が手助けする場面も知られている。これら二柱の神は、「牡牛を殺すミトラス神」の図像において、ミトラス神と同じフリュギア帽子を被った姿で、牡牛の左右に立ち、カウテス神は松明を上に、カウトパテス神は松明を下に向けている。彼らとミトラス神の関係ははっきりしないが、一本の木からミトラス神と共に木の実のようにその首がなっている場面もあるので、密接な関係にあったことは疑いない。カウテス神は日の出の太陽、ミトラス神は中天の太陽、カウトパテス神は日没の太陽を表しているとの解釈もある。

岩から生まれるミトラス神を羊飼いたちが目撃している場面もある。ミトラス神は、彼ら羊飼いに育てられたのかもしれないが、重要なのは、羊飼いが存在していることからして、ミトラス神は、既に存在している世界に生まれて来るのであり、この世の創造者ではないことである。

実際、ミトラス教では、ギリシア神話の世界観が前提とされていた。ギリシア神話では、この世界の最初の支配者は天空神ウラノスであったが、ウラノスは息子クロノスによってこの世界の支配権を奪われた。しかし、そのクロノスもまた、世界の支配者としての地位を息子のゼウスに譲らざるをえなくなる。いわゆる世代交代の神話である。ミトラス教の神話の図像には、クロノスがゼウスにこの世の支配権の象徴である稲妻を渡している場面や、クロノスがゼウスにこの世界の支配権を渡した後、イタリアに移住し、サトゥルヌス神と呼ばれるようになって、イチジクの木の下に横たわっている場面などが認められる。ゼウスが巨人族と戦い、彼らを打ち倒す場面もよく図像に表された。ミトラス神が生まれてきたのは、このゼウスの支配する世界だったのである。

成長したミトラス神が行った最も重大な行為は、言うまでもなく、洞窟の中で牡牛を殺すことであった。このことはこの場面の浮彫なり、壁画なりが必ずミトラス神殿の一番内奥にあったことからも疑いない。

ミトラス神は、この牡牛を盗んできたため、「牛を盗む神」と呼ばれた。どこから牡牛を盗んできたのかは明らかではないが、J・アルヴァルは、太陽神が飼っていた牡牛と解釈した。ミトラス神話では、太陽神とミトラス神が争い、ミトラス神がこれに勝利した上で、祭壇を挟んで太陽神と握手して盟約を結ぶので、このいさかいの原因をミトラス神が犯した牛泥棒に見出したのである。蓋然性の高い解釈であろう。ミトラス神は、「不敗の太陽」と呼ばれたが、それは太陽神に勝利した、真の敗れることのない太陽神という意味であったに違いない。牡牛殺しは、太陽神の命令で行われたが、このことはミトラス神が太陽神、あるいは太陽神の使いであるカラスのほうを向いて牡牛を殺していることから分かる。

ミトラス神が、牡牛を洞窟に連れて行くまでの場面もしばしば表現された。一連の場面は、一頭の牡牛が草を食んでいる場面から始まり、ミトラス神が牡牛と格闘し、時に後ろ足をもって引きずり、時には逃げ出す牡牛にしがみつき、最後には肩に背負って牡牛を洞窟の中に運び込むのである（図Ⅲ－13）。

牡牛殺しが終わった後、ミトラス神と太陽神は祝宴を開く。この場面が牡牛殺しの後に起こったこ

図III-14 太陽神との祝宴

図III-13 牡牛と格闘するミトラス神

とは、両神が死んだ牡牛を前にして、あるいは牡牛の皮が掛けられたテーブルで祝杯を挙げていることから明らかである（図Ⅲ－14）。祝宴の場面は、牡牛殺しに次ぐ頻度で描かれた。ドイツから出土した石板では、片面に牡牛殺しの場面が、もう片面に祝宴の場面が描かれており、回転させて見ることができるようになっていた。すなわち二つの行為は表裏一体だったのである。そして、祝宴がお開きになると、ミトラス神は、地上での役目を終えて、太陽神の駆る馬車に乗り、天上に上っていく。

以上を要するに、ミトラス神話のストーリーの主軸は、ミトラス神誕生以前のギリシア神話の世界に始まり、ミトラス神の誕生、太陽神との争いと同盟、牡牛殺しと祝宴を経て、最後に太陽神を同伴しての昇天へと至るというものであった。

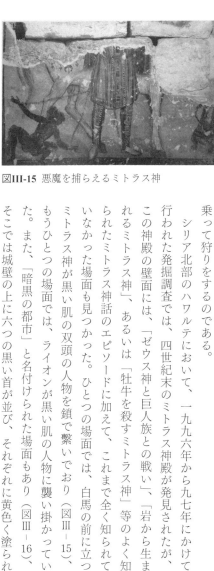

悪魔と戦うミトラス神

これら軸となる話の他にも、いくつかのミトラス神にまつわるエピソードが知られている。代表的なものは、「岩に矢を射るミトラス神」と「狩りをするミトラス神」である。前者では、ミトラス神は、岩に矢を射て水を噴出させ、後者では、犬や蛇を供にして馬に乗って狩りをするのである。

図III-15 悪魔を捕らえるミトラス神

シリア北部のハワルテにおいて、一九九六年から九七年にかけて行われた発掘調査では、四世紀末のミトラス神殿が発見されたが、この神殿の壁面には、「ゼウス神と巨人族との戦い」、「岩から生まれるミトラス神」、あるいは「牡牛を殺すミトラス神」等のよく知られたミトラス神話のエピソードに加えて、これまで全く知られていなかった場面も見つかった。ひとつの場面では、白馬の前に立つミトラス神が黒い肌の双頭の人物を鎖で繋いでおり（図III－15）、もうひとつの場面では、ライオンが黒い肌の人物に襲い掛かっていた。また、「暗黒の都市」と名付けられた場面もあり（図III－16）、そこでは城壁の上に六つの黒い首が並び、それぞれに黄色く塗られた光の矢が刺さっていた。これら黒い肌の人物も、黒い首も、いずれも暗黒の悪魔と考えられている。この解釈が正しいのならば、ミトラス教にイラン的な善悪二元論の世界観があったということになるが、多くの研究者は、これらの神話の場面は、イランからの影響を受けた地方的な変種であり、ミトラス教に本来あったものではないと考えている。

序章で言及したように、ミトラス神殿からは「ライオン頭の神」と研究者によって呼ばれる神の像や浮彫も発掘される。形態にはヴァリエーションがあるが、基本的に、この神の像は、その名の通

図III-16 暗黒の都市（上：壁画、下：壁画のスケッチ）

り、頭はライオンで、体は人間、四つの翼をもち、体にはヘビが巻き付いている。そして、球体の上に立ち、手には杖と鍵を持つ（序章図０－３）。古代において、この神が何と呼ばれていたのかは分かっておらず、またミトラス神話のエピソードにも登場しない。したがって、ミトラス神との関係も分かっていないが、イギリスで発見された像のひとつには、「神アリマニウス」との言葉が刻まれていたため、「ライオン頭の神」をイランの悪神アーリマンと同一視する説もある。

再演された神話

ミトラス神話の一部は、信者たちによって再演された。再演されたことが確かなのは、牡牛殺しの後に行われたミトラス神と太陽神の祝宴である。先に紹介したコニッツのレリーフ（図Ⅲ－９）から分かるように、父の位階にある者がミトラス神を、太陽の走者の位階にある者が太陽神を演じ、カラスの位階の者が彼らに給仕をしたのである。しかし、いつ、またどの程度の頻度で、この祝宴の再演が行われていたのかは分かっていない。ミトラス神殿には左右に食事用の臥台となるベンチが必ず設置されていたことを思い起こすならば、祝宴の再演後には、参加者全員がお相伴に与る機会があったのだろう。

岩に矢を射るミトラス神のエピソードも、再演の対象だったようである。先に言及したドイツのマインツのミトラス神殿から出土した陶製の壺（図Ⅲ－８）には、二つの場面が描かれており、そのうちひとつが「岩を射るミトラス神」の場面を彷彿とさせるものであった。問題の場面では、フリュギア帽子を被り、腰かけている「父」が、入信者と思しき裸の人物に矢を射かけようとしている（図Ⅲ

図III-17 マインツの壺の拡大図

－17）。裸の人物は、手を上に挙げて、顔の前で交差させることで、服従の徴《しるし》を示している。裸の人物の背後に立つのは導師なので、これは明らかに入信式の場面であると思われる。R・ベックは、この入信の儀式では、「岩を射るミトラス神」の神話が再現されていると解釈している。

ちなみに、もうひとつの場面では、四人の人物が行列をなしていた。先頭を歩く人物は鎧を身に着けているので、「兵士」の位階にある者であり、一人飛ばして、鞭をもっている人物がいる。これはその鞭から判断して「太陽の走者」である。そして、この「太陽の走者」の前後に、杖を挙げている人物と下げている人物がいるが、ベックは、彼らが日の出のカウテス神と日没のカウトパテス神であると考え、この行列は太陽の運行を表したものと見た。太陽の運行のエピソードは、ミトラス教の神話にはないが、神話の再演ではない儀式も行われていたのであろう。

牡牛殺しは再演されたのか？

では、ミトラス神話最大のエピソードである牡牛殺しも再演されていたのであろうか。これが実際に行われていたとの見方もあるが、牡牛殺しの再演がなされていたことを示す証拠は何も残っていない。

まず、文献上には、キリスト教徒によるものにせよ、異教徒によるものにせよ、ミトラス教に牡牛殺しの儀式があったとは伝えられていない。動物犠牲に批判的なキリスト教徒にしてみれば、牡牛殺しが行われていたのならば、ミトラス教を攻撃する格好の材料だったはずであるが、彼らは牡牛殺しについて触れていないのである。彼らにとってミトラス神は、あくまでも「牛を盗む神」だった。新プラトン主義哲学者のポルピュリオスも動物犠牲に批判的であり、『肉食の禁忌について』という書物まで著したが、ミトラス教を批判していない。それどころか、ミトラス教については極めて好意的である。このことも、仮にミトラス教徒が牡牛を儀式的に頻繁に殺害していたならば、奇妙なことと言わねばならない。

また、太陽神との祝宴のように、明らかに信者が牡牛殺しの場面を再演している図像も見つかっていない。

ミトラス神殿からは、様々な動物の骨が出土するが、牛の骨が大量に出土するわけでもない。むしろその数は少なく、例えばドイツ南東部のキュンツィングのミトラス神殿からは、二万七〇〇〇ほどの動物の骨が出てきたが、そのうち五〇パーセントが子豚、一八パーセントが鶏、同じく一八パーセントがヤギないし羊であった。またスイス南西部のマルティニーのミトラス神殿から見つかった一万九二五の動物の骨のうち、五一五九が豚、三三八八が鶏、一八一八が羊ないしヤギ、五一五が牛、二五が馬、一七が犬だったのである。

牛は高価であったし、また小規模なミトラス神殿に牛を入れるには空間的な問題もあったので、他の動物で代替していたとの説もあるが、筆者自身は、牡牛殺しは、代替を用いる形を含めても、そもそも再演されていなかったと考えている。確かに、神殿がミトラス神が牡牛を殺害した洞窟を模しており、また殺害後に行われた太陽神との饗宴が再演されていたことを想起すると、牡牛殺しが再演されなかったのは不思議にも思われる。しかし、これはキリスト教においても、最後の晩餐を記念した聖餐式は行われるが、他方でイエスが十字架に架けられたことに特別な宗教的意義を認めながらも、これを儀式的に模倣することがないのと同じであろう。

ミトラス教の年中行事

ミトラス神は太陽神と同一視されていたので、夏至や冬至などの太陽が特別な位置にある日も、祝祭の対象となっていた可能性がある。

前章で言及したように、カエサレアのミトラス神殿の天井には穴が開けられており、夏至の日には、そこから入る太陽の光が祭壇を照らした。一九九二年に現オーストリアに位置するノリクムのウィルヌムから出土した青銅板によれば、一八四年の六月二六日に、この神殿に属するミトラス教徒たちは、亡くなった五名のメンバーを偲んで集会をもった（図Ⅲ-18）。この年の夏至は正確には六月二三日であったが、六月二六日は夏至とみなして差し支えないだろう。また、ベルギーのティーネンのミトラス神殿からは、およそ一万四〇〇〇もの動物の遺物が見つかっている。その内訳は、魚三四、雄鶏二八五羽、多数の野鳥、ウサギ一羽、子豚一〇頭、子羊一四頭、そして大量の牛肉であった。これらの肉は一度に野外で食されたとされている。そして、この食事儀礼が行われたのは、六月末から七月初めとされているので、夏至と関わる儀式であったのかもしれない。

なお、この食事儀礼は、参加人数の多さと屋外で行われていることから判断して、太陽神との祝宴を模した儀式ではないのだろう。太陽神との祝宴の儀式は、神殿内で行われ、食事をとるのは、まずはミトラス神と太陽神の役に扮した「父」と「太陽の走者」、その後、神殿内に入れるだけの参加者がお相伴に与る形をとったと考えられるからである。

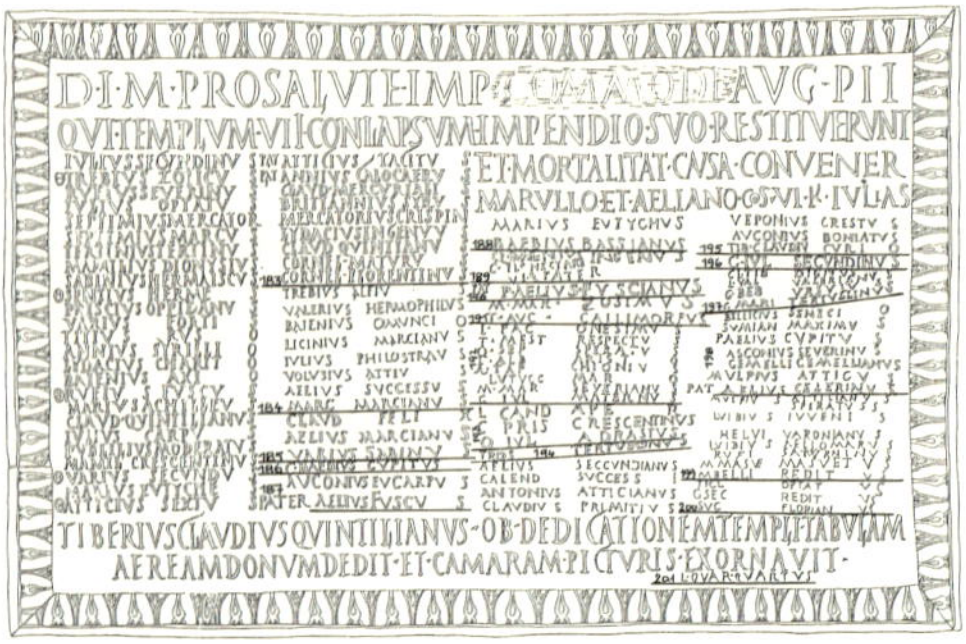

図III-18 ウィルヌムの青銅板

冬至に当たる一二月二五日とミトラス教を結び付ける直接的な証拠はない。この点も前章で述べたが、『フィロカルスの暦』によれば、一二月二五日は、ミトラス神の誕生日ではなく、あくまでも「不敗の（太陽）神の誕生日（Natalis Invicti）」だった。しかしながら、同じく「不敗の太陽神」とされたミトラス神が岩から生まれた日も、一二月二五日とされていた可能性は高く、その日は祝宴の対象だったかもしれない。春分と秋分の日にも祝祭が催されていたと考えるのは自然であるが、史料上、やはりこれを直接的に裏付けることはできない。

実を言えば、これらの日が特別視されていたと考える根拠は、太陽との関わりからだけではない。より本質的なミトラス教の教義と関連していたと思われるので、ここで章を改めて考察を続けていきたい。

第Ⅳ章 孤独と忍従——ローマ帝国の兵士と奴隷の人生

図IV-0　牡牛を殺すミトラス神の画（イタリアのマリーノのミトラス神殿）

魂の救済を求めて

密儀宗教は、個人の魂の救済を問題にしていたとされている。これは、ローマの伝統的な宗教が個人ではなく、共同体のものであったこととは対照的である。伝統宗教では、しかるべき時にしかるべき儀式が神々に対してなされることだけが大切であり、それによって共同体である国家や都市の安寧が保証されると信じられていたのである。そこに個人の日々の願望や死後の魂の救いが入り込む余地はほとんどなかった。そして、それゆえにこそ、これらの悩みに応える密儀宗教が流行したと考えるのは、確かに筋の通った説明と言えるだろう。

とはいうものの、密儀宗教が実際に何を説いていたのかは、その教義が門外不出であったため、確たることを言うのは実際には難しい。イシスの秘儀に与ったアプレイウスの小説『黄金の驢馬』の主人公ルキウスは、詳細は明かせないとしつつも、「私は死の境界にやってきて、冥界の女王プロセルピナの神殿の敷居をまたぎ、あらゆる要素を通ってこの世に還ってきました。真夜中に太陽が晃々と輝いているのを見ました。冥界の神々にも天上の神々にも目《ま》のあたりに接し、膝元に額《ぬか》ずいてきました」（第一一巻二三、国原吉之助訳）とだけ述べる。訳者の国原の解説によれば、ここで言及されている「要素」は elementa の訳で、「宇宙をつくっている本質的なもの（地・水・火・風）から惑星までの広い意味をもつ。その間を通って魂は浄化されると信じられていた」。イシスの秘儀では、死後の魂の行く末を経験することで、死への不安を取り除いてくれたのであろう。

では、同じ密儀宗教であるミトラス教の教義は、いったいどのようなものであったのだろうか。

失われた経典

ミトラス教には、キリスト教の『聖書』やイスラム教の『コーラン』に当たるような教義を記した書物は現存していない。とはいえ、ローマの伝統宗教のようにそもそものような書物を有していなかったのではなさそうである。ローマ市のサンタプリスカ教会地下のミトラス神殿の壁面に書かれた文言は韻文になっており、讃歌集から書き写されたと見受けられる。一九九二年にパピルス学者のW・M・ブラッシャーによって公刊されたエジプトのヘルモポリス出土のパピルスは、わずか二〇行ほどしか残っていないが、ミトラス教の教理問答書の一部であった可能性が高い。また、シリアのドゥラ・エウロポスのミトラス神殿には、二人のマゴスの姿が描かれており、キュモンは、これら二人を著名なマゴスであったゾロアスターとオスタネスと同定したが、一人は手に巻物をもっている。この巻物はミトラス教の経典なのかもしれない（図Ⅳ－1）。

図Ⅳ-1　ドゥラ・エウロポスのミトラス神殿に描かれたマゴス

ミトラス教は、一人の教祖によって創

り出されたものと仮定し、また帝国各地で同じ神殿、図像、位階、儀式などが存在していたことを考えるならば、何らかの経典のようなものの存在を想定するのは妥当なことであろう。しかし、それらが充分な形で残っていない以上、ミトラス教の教義の復元には大きな困難が伴う。手掛かりとなるのは、ミトラス教徒自身の手になる浮彫や壁画、碑文、そしてキリスト教徒や新プラトン主義哲学者などの非ミトラス教徒によるわずかな文献上の言及などに限られてくる。それゆえ、その復元には解釈の余地が大きく、現在でも大方の研究者が納得するような通説はない。まずは、ミトラス教の教義に言及する文献から見ていこう。

ポルピュリオスの『ニュンフたちの洞窟』

ミトラス教の教義にもっとも詳しく触れるのは、ポルピュリオスの『ニュンフたちの洞窟』である。

ポルピュリオスについては、これまでもたびたび言及してきたが、ここで改めて紹介しておこう。ポルピュリオスは、新プラトン主義の哲学者である。二三四年頃にシリアの港町テュロスに生まれた。ギリシアのアテナイに遊学して、哲学者・修辞学者として名高かったロンギノスの下で学んだ後、三〇歳の時に都ローマに上り、そこで新プラトン主義哲学の開祖プロティノス（二〇五頃—二七〇年）を師とした。プロティノスからは、その著作集の編纂を依頼されるまでになったが、おそらく自身の精神上の問題から五年余りでプロティノスの元を去り、シチリア島に移った。後に、ポルピュリオスは、ローマ市に戻り、四世紀の初頭に同市で没したとされる。

ポルピュリオスは、プロティノスの死後、その著作を『エンネアデス』として編纂し、また『プロティノス伝』を著した。この他にも、ポルピュリオスは、『ピタゴラス伝』、『肉食の禁忌について』、『イサゴーゲー（アリストテレスの『範疇論』への案内）』などの多数の諸作品を残した。その一つである『ニュンフたちの洞窟』は、紀元前八世紀のホメロスの叙事詩『オデュッセイア』の次の詩行（第一三巻一〇二―一一二行）の意味を解き明かそうとしたものである。

入江の奥には長い葉のオリーブの木が一本《ひともと》、
その近くにはほの暗く愛らしい洞窟があるが、
それはナイアスと呼ばれるニュンフたちの聖域だ。
洞窟の中には石の混酒器や二つ把手の壺があり、
そこに蜜蜂が蜜を溜めている。
また巨大な石の機《はた》もあって、そこでニュンフたちが
海紫の上着を織るのは、見るも驚きだ。
流れて止まぬ水もある。洞窟の戸口は二つ、
北風《ボレアス》の方を向いた戸口は人間が降りて行く道、
南風《ノトス》を向いたのは神々用で、人間はここから
入ることはなく、不死なる神々の道だ。（中務哲郎訳）

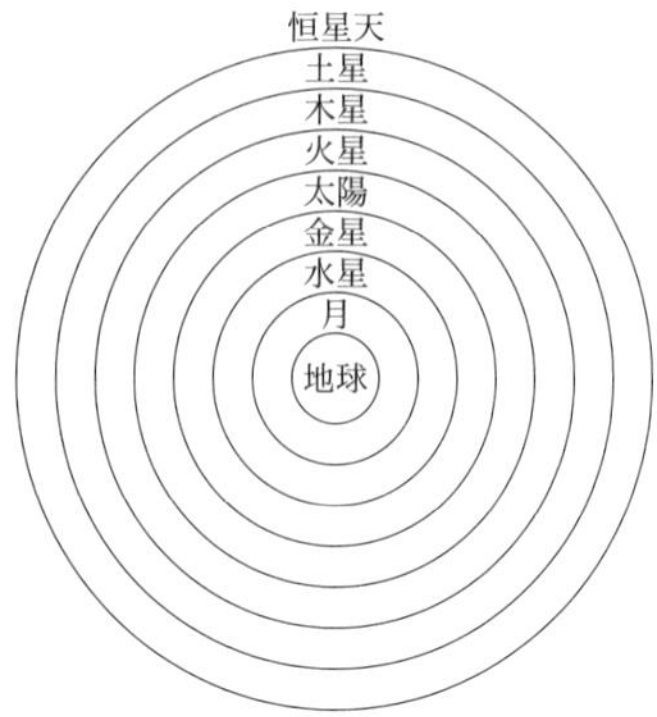

図IV-2 古代の宇宙観

この洞窟は、ホメロスの叙事詩では、主人公オデュッセウスの故郷イタケ島のポリュクスの港にあったことになっているが、ポルピュリオスによれば、このような洞窟は実際には存在しないし、また単なる詩人の創作とも考えられない。では、なぜホメロスは、このような洞窟について歌ったのか。ポルピュリオスは、ホメロスが魂についての秘密の知識を架空の洞窟の情景に託して寓意的に語ったと考えて、「洞窟」、「ニュンフ」、「混酒器」、「蜜蜂」、「機」などの意味を解釈していく。そして、その際に、しばしばミトラス教について触れるのである。前章で言及したライオンの位階と蜂蜜、そして火との関係は、まさに「蜜」の意味を探る過程で話題に挙がってきたものであった。

『ニュンフたちの洞窟』第六章で、ポルピュリオスは、「ペルシア人」が入信者を密儀に導いて「魂の下降と帰還」を説く場所を洞窟と呼んでいたと言っている。ここで言及されている「ペルシア人」は、実際のペルシア人ではなく、ミトラス教徒のことである。他方、「魂の下降と帰還」とは、魂は、恒星天にある天の川で生まれ、惑星圏を通って地上に下って肉体に宿り、肉体の死後、生まれ故郷である天の川に戻ることを意味している。

ポルピュリオスが引用する二世紀後半のプラトン主義哲学者ヌメニオスの説では、魂が恒星天から地上に降りて来る際に通る門は巨蟹宮（かに座）にあり、一方、魂が帰還する門は磨羯宮（やぎ座）

にあった。「宮」は天球上の太陽の通り道である黄道を一二等分した一領域のことで、当時は、巨蟹宮に冬至点が、磨羯宮には夏至点があった。現在は、歳差のため、冬至点は人馬宮（いて座）に、夏至点は双子宮（ふたご座）に移動している。

このようなポルピュリオスやヌメニオスの宇宙観の基盤には、次のような宇宙観があった。すなわち、宇宙の中心には地球があり、地球の周りには月、水星、金星、太陽、火星、木星、土星の七つの惑星――太陽と月も惑星の扱いを当時は受けていた――が回り、その外側には不動の星である恒星が張り付いた天球、すなわち恒星天があると考えられていたのである（図Ⅳ－2）。

魂を見守るミトラス神

そしてミトラス神は、「造物主（デーミウルゴス）にして誕生（ゲネシス）の主（デスポテース）」として、夏至点と冬至点の中間にある天の赤道上の分点をその居場所としていたとされる。分点は、黄道と天の赤道が交わる二ヵ所の交点にあり、春分点と秋分点があるが、ミトラス神は「白羊宮の剣」を手に持ち、金星がその宮とする「牡牛」の上に乗っていたとされているので、春分点にいたことになる。春分点は、現在は双魚宮（うお座）にあるが、ローマ時代には「白羊宮（おひつじ座）」にあったのである。分点は、魂の地上への下降口である夏至点と帰還口である冬至点のちょうど中間にあるので、ミトラス神は、その中間にあって、魂の動きを見守っているとみなされていたのであろう。

さらにヌメニオスは、巨蟹宮にある門から出た魂は、土星、木星、火星、太陽、金星、水星、月の「惑星」の圏内を順に通って地上に下降し、それぞれの惑星圏を通過する過程で、土星からは理性と理解力を、木星からは行動力を、火星からは勇敢さを、太陽からは認識力と想像力を、金星からは情動を、水星からは会話力と意思疎通力を、月からは肉体を形作り育む力をそれぞれ受け取り、帰還に際しては、下降に際して受け取った力を元の惑星に返して、純粋な姿になって、磨羯宮にある門を通って恒星天に再び戻っていくと考えていたようである。

五世紀の新プラトン主義哲学者プロクロスによれば、ヌメニオスは、このような考えを占星術と密儀の教義から学んだとされている。プロクロスの言及する密儀は、ミトラス教のことと推定されるので、ミトラス教自体に、魂が惑星圏を通って恒星天を行き来するという思想があったとみてよいだろう。

オリゲネスの『ケルソス駁論』

オリゲネスの『ケルソス駁論』の記述からも、ミトラス教において全く同じような魂に関わる教説が存在したことを知ることができる。

オリゲネスについても先に言及したが、この人物は一八五—二五四年頃に生きたキリスト教の教父であり、その著作『ケルソス駁論』は、プラトン主義哲学者ケルソスが著したキリスト教批判の書『真正な教え』に対して反論を加えたものである。『真正な教え』はマルクス・アウレリウス帝とコンモドゥス帝が共同統治者であった一七七年から一七八年に成立したものである。ミトラス教に関する記述は次の通り（第六巻二二）。

これらの事柄はまたペルシア人たちの教えや、彼らのもとで行われるミトラの密儀（テレテー）によって謎めいて語られてきた。というのも後者においては天上の二つの軌道を何らか象徴するものがあり、その一つは恒星に、もう一つは惑星に割り当てられたもので、それらの間を通過する魂の廻りの軌道である。その象徴は次のようなものである。七つの門を持つ梯子があって、その頂上には第八番目の門がある。最初の門は鉛製で、二番目は錫《すず》製、三番目は青銅製、四番目は鉄製、五番目は混ぜ物の貨幣でできており、六番目は銀製、第七番目は金でできている。彼らは鉛を星の動きの緩慢さの証拠として、最初の〔鉛の〕門をクロノスと結び付け、錫の輝きと柔らかさと比べて第二番目〔の金属〕をアフロディーテと、青銅の台座に据えられた堅固な門として第三番目をゼウスと、鉄もすべての業において忍耐強く、金儲けに優れ、よく働くゆえに第四番目をヘルメスと、混合の結果として質の点でむらがあって多彩なので第五番目をアレスと、銀製の門として第六番目を月と、金でできた門として第七番目を太陽と結び付けており、それらの金属は彼らの色に似せたものとなっている。（出村みや子訳。〔　〕は原文による）

このオリゲネスが引用したケルソスの記述からも、ミトラス教には、魂が惑星圏を通過して恒星天に至るという思想があったことが読み取れるだろう。惑星は、地球から恒星天に向かってクロノス＝土星、アフロディテ＝金星、ゼウス＝木星、ヘルメス＝水星、アレス＝火星、月、太陽の順に並んでいた。ケルソスは、さらに惑星圏が梯子のイメージをもってミトラス教では語られ、梯子の各段に付く金属製の門はそれぞれの金属の性格に対応する惑星と関係づけられていた、と言っている。ケルソスは述べていないが、魂は、恒星天からの下降に際しては、それぞれの惑星の性格を与えられ、帰還に際してはその性格を返したと思われる。

ケルソスの伝える恒星天に至る八つの門の思想が実際にミトラス教に存在したことは、これも既に紹介したオスティアのフェリキッシムスのミトラス神殿の床モザイクが示している（図Ⅲ－10）。床モザイクには、八段の梯子が描かれており、門は付いていないものの、一段ごとに惑星と関連付けられた七つの位階の象徴物が描かれていた。そして恒星天に当たる一番上の八つ目の段には、混酒器と植物の枝とこの床モザイクの奉献者であるフェリキッシムスの名が刻まれていた。同じオスティアのセッテ・スフェレのミトラス神殿には、床に七つのアーチが描かれており（図Ⅳ－3）、さらに、この神殿の場合は、左右のベンチに、黄道十二宮の徴も認められた。すなわち、右のベンチには入り口

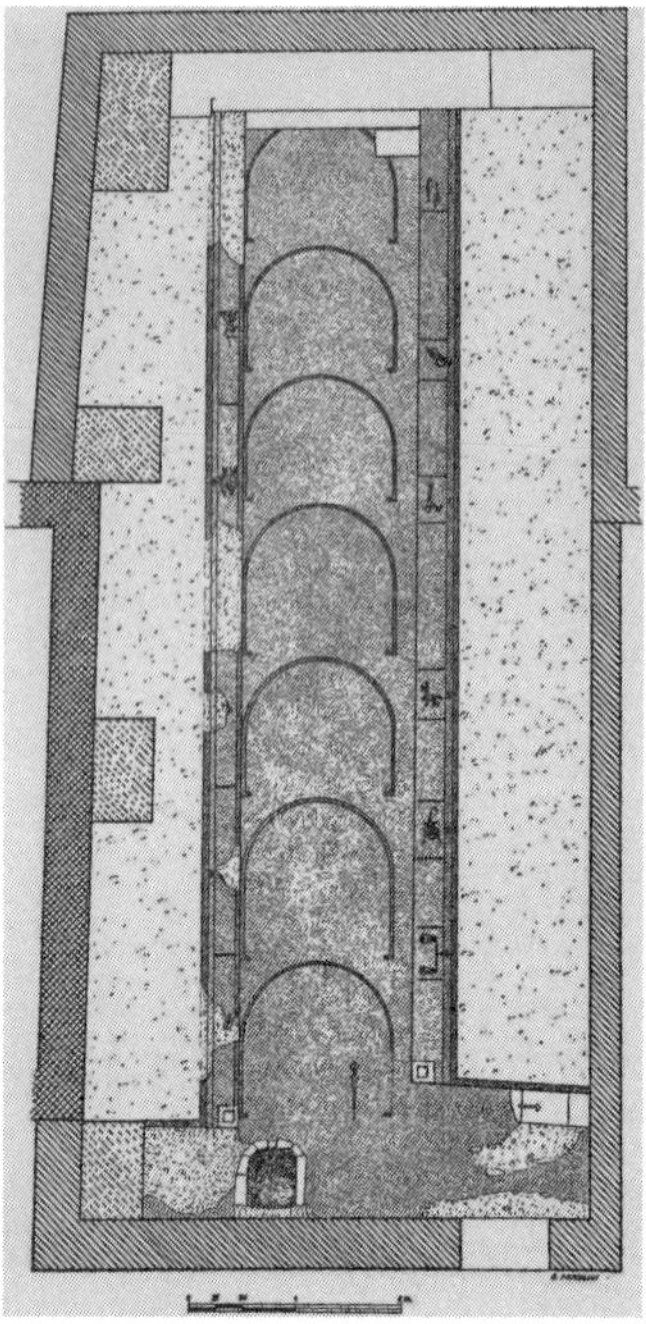

図IV-3 セッテ・スフェレのミトラス神殿の床モザイク

から奥に向かって順に天秤宮、天蠍宮、人馬宮、磨羯宮、宝瓶宮、双魚宮、他方、左も同様に入り口から、処女宮、獅子宮、巨蟹宮、双子宮、金牛宮、白羊宮と並んでいたのである。
ただし、ヌメニオスとケルソスに記された惑星の順番は、ミトラス教徒自身がフェリキッシムスのミトラス神殿の床モザイクやサンタプリスカ教会地下のミトラス神殿のグラフィティにおいて伝えているものとは異なっている。ミトラス教では、地上から順に、水星、金星、火星、木星、月、太陽、土星となっていた。この違いが何を意味するのかは分からないが、いずれにしても、ミトラス教には誕生前と死後に惑星圏を通過する魂についての教説があったこと自体は疑いないように思われる。

現世的宗教だったのか？

しかし、反証となり得るような史料も存在する。それは、サンタプリスカ教会地下のミトラス神殿の壁面に書かれていた次の文言である。

あなたは、流れ出る永遠の血によって、私たちをも救った（Et nos servasti eternali sanguine fuso）。

注目すべきは、この文言の動詞に当たる「あなたは……救った（servasti）」が、ラテン語の原文では完了形になっていることである。つまり、「あなた」をミトラス神、「流れ出る永遠の血」を牡牛からのものと解釈するならば、ミトラス神は、牡牛を殺すことで、私たち全員を既にこの世で救っていたことになる。現世で、既に救われているのならば、個々人の死後の魂の行く末は問題にならないと言えるだろう。

　この文言を根拠にR・テュルカンは、ヌメニオスやケルソスの伝える魂についての教説は、彼らプラトン主義哲学者の勝手なミトラス教理解にすぎないと考える。古代ギリシアの宗教史家W・ブルケルトも、ミトラス教に死後の魂の救済についての教えが存在したことを示す明白な証拠がないとして、ミトラス教は「反グノーシス的宗教」であったとの評価を下した。グノーシスとは、一世紀にシリア・パレスティナ地方で発生した、物質を悪とみなす宗教思想で、ギリシア語で「認識」を意味する。その教えは、人間はその肉体のうちに神の要素を含んでいるが、肉体にからめとられているために救われない、しかし、自身のうちに神の要素があることを「認識」することで、肉体から解放され、救済されると説く現世否定の思想である。ブルケルトの考えでは、ミトラス教は、その対極にあったことになる。

　しかし、テュルカンが重視したサンタプリスカ教会地下のミトラス神殿の文言は判読が難しく、確実に読み取れるのは「流れ出る血（sanguine fuso）」のみであり、「永遠の（eternali）」と肝心の「あなたは……救った（servasti）」は推定による復元にすぎない。

　一方で、同じサンタプリスカ教会地下のミトラス神殿には、「ここでもまた、先頭に立つ牡羊が、定められた道筋を少しも外れることなく走っている（Primus et hic aries restrictius ordine currit）」との文言も見られる。ここで言及されている牡羊も、「白羊宮（おひつじ座）」のことで、この文言には天文学的な意味があるのだろう。またオスティアのセッテ・スフェレのミトラス神殿のベンチの一方でも、先頭（最奥）に白羊宮の徴が描かれていたし、先述のように、ポルピュリオスによれば、ミトラス神のもつ剣は、白羊宮のものであった。

フランツ・キュモンは、惑星や黄道十二宮のような「カルデア人の思索によって霊感を受けた、人目を惹くが表面的なシンボリズム」は、ミトラス教の本質ではないとしていたが、筆者には、やはりミトラス教の教義では惑星間を通る魂の行く末が重視されていたように思われる。

死後の魂の見守り手

ところで、ヌメニオスにせよ、ケルソスにせよ、彼らの考えでは、魂はあたかも自然に下降し、また帰還したかのようである。確かに誕生に際して下降する場合はそれでよいかもしれない。しかし、魂の救済とも言うべき恒星天への帰還が何の障害もなく行われるものであるのならば、ミトラス神の存在意義がほとんどなくなってしまうことになる。

したがって、無事、恒星天に帰還するには、ミトラス神の教えに従って現世で生活する必要があり、またそれぞれの惑星圏を通過する際には、何らかの試練が課されたと考えるべきであろう。

古代ギリシアのオルフェウス教の教えでは、人間の魂は、先祖であるティタン族が犯した罪の故に穢れをもっているため、罰として肉体に閉じ込められている。肉体（ソーマ）は、墓（セーマ）である。そして、人間が普通の生活を送っている限り、不死の魂は転生を繰り返し、肉体に宿り続ける。この苦しみから抜け出すには、身を清め、殺生を行わず、肉食をせず、神々に生贄も捧げてはならない。理由は諸説あるが、ソラマメを食べることも禁じられていた。このような生活を守り、オルフェウス教の秘儀を受けると、信徒には、死後、冥界で正しい道を辿って、冥界の女王ペルセフォネのもとにたどり着き、女神から輪廻転生を逃れる許可を得る方途が教えられるのである。このオルフェウス教のように、ミトラス教でも、死後の魂の救済のために現世において何らかの戒律のようなものが課されていたことは容易に想像できる。実際、次章で紹介するミトラス教徒でもあった四世紀のユリアヌス帝は、死後の救済のために、ミトラス神の「エントレー」を守るように諭されるが、「エントレー」は「戒律」と訳しても差支えない言葉である。しかし、残念ながら、その具体的な内容は明らかではない。

グノーシス派は、ミトラス教と同じく、死後の魂は七つの惑星圏、すなわち地球から順に月、水星、金星、太陽、火星、木星、土星を通過して上昇するとしていた。ただし、グノーシス派の教えでは、魂の帰り着く先は、土星の外にある恒星天のさらに外側にある神の領域であり、またその途中で通過しなければならない惑星は悪しきアルコーン（支配者）であった。そのため、グノーシス派では、アルコーンから逃れるための呪文や印形が教えられ、臨終に際しては水と油による秘跡が授けられたのであった。これを知らない者は、アルコーンによって捕らわれ、地獄に連れて行かれた。

ミトラス教では、惑星は悪ではなかったが、七つの惑星に対応した位階の上昇に際して、例えばライオンの位階に入るに際しては火の試練が課されたのは、死後、惑星圏を通過する際に魂に試練が課されると考えられていたからに相違ない。そして、その試練へのいわば予行演習を行うのがミトラス教の儀礼の重要な意味のひとつであり、ミトラス神は、魂の惑星圏の通過を手助けしてくれると信じられていたのであろう。しかし、全ての信者が、最高位の「父」にまで到達できたとは思われない。途中の位階で止まり、死後の予行演習を最後まで経験できなかった信者もいたはずであり、彼らにもミトラス神の加護が期待できる仕組みが存在したはずであるが、この点を考える史料も残っていない。

牡牛殺しの意味

ミトラス教を象徴する牡牛殺しの意味も、魂の教説との関連で説明できる。

ポルピュリオスの『ニュンフたちの洞窟』には、牡牛と魂、さらにはミトラス神を結び付ける次のような不可解な記述がある。

「誕生のために降りて来る魂は、牡牛から生まれたのであり、牛泥棒の神は、密かに魂の誕生に耳を傾ける者である」。

「耳を傾ける」の部分は、写本に欠損があるため意味がはっきりしないが、「牛泥棒の神」は、明らかにミトラス神である。また、ポルピュリオスは、問題の一文の直前で、牡牛は月のことであり、月は魂の誕生を司っていたとも言っている。つまり、この記述からは、ミトラス教には、魂は牡牛に象徴される月から生まれ、ミトラス神はこの魂の誕生に何らかの関わりをもっていたとの教えがあったことが読み取れるのである。

スタティウスの『テーバイ物語』に注を付けた五世紀のラクタンティウス・プラキドゥスは、ミトラス教の牡牛は月の象徴であったとはっきりと述べ、太陽神であるミトラス神が牡牛の上に乗り、角を摑んでいるのは、月が太陽に劣ることを示しているのだと説明する。プラキドゥスの説明は舌足らずだが、ポルピュリオスの話を勘案するならば、牡牛殺しが意味しているのは、魂の誕生を司る月を太陽神であるミトラス神が自らの力の下に置いている姿と捉えることができるだろう。

図IV-4 三日月のような形の牡牛

図IV-5 三日月の形の角をもつ牡牛

実際、ミトラス教における牡牛殺しの図像でも、牡牛は月を意味していたように思われる。牡牛の体が三日月の形に描かれていたり（図IV－4）、あるいは牡牛の角が三日月のようになっていたりするからである（図IV－5）。このように牡牛と月を結びつける考えは、文化人類学者の石田英一郎が『河童駒引考』（一九四八年）で紹介するように、太古の昔からあり、何もミトラス教に限られてはいない。これは、牡牛の角の形状と三日月の相似に由来しているのである。またミトラス神が太陽神に顔を向けるのに対して、牡牛は月神のほうに頭を向けているのも、牡牛と月の関係を示唆している。そして、この月と同一視された牡牛がミトラス神に殺されると、牡牛の傷口からは植物が噴出し、その尾の先が麦の穂に変わっていくのは、牡牛の中にあった生命力、そして生命力そのものである魂がミトラス神の力によって牡牛の体内から放出されることを象徴的に描いていると解釈できる（図I－

8）。牡牛の性器に取り付くサソリも、ヒネルズが指摘していたように、悪神アーリマンの手先ではなく、生命力を示しているのであろう。

文献や図像をこのように理解するならば、牡牛殺しは、マズダー教の善と悪との闘争のエピソードではなく、太陽神であるミトラス神が月を支配下に置き、月に代わって魂を創造し、見守る存在となったことを表していることになる。魂が恒星天と地上を行き来したとの教説との整合性を考えるならば、原初にミトラス神によって月から放出された魂は、恒星天にその住処を定め、地上と往来するようになったということになろう。ポルピュリオスは、『ニュンフたちの洞窟』で、太陽は魂の帰還の門、月は下降の門であったとの「神学者」の意見も紹介している。またユリアヌス帝によれば、太陽はその光線によって魂を天上に引き上げることができた。ミトラス教徒がこの考えも共有していたとするならば、ミトラス神の牡牛殺しは、太陽神ミトラスが牡牛である月を支配下に置くことで、魂の下降と帰還の両方を自らの権能の下に置いたことにもなるのである。

幽霊になる死者

ミトラス教にせよ、イシスの秘儀にせよ、魂の救済をその教義の核心に置いていたことの意味をしっかりと理解するためには、古代ローマ人の魂についての考えや死後の世界観を押さえておかなければならない。

古代ローマ人は、死後は墓に埋葬され、かつ墓には定期的に供物が供え続けられなければ、その魂は飢えや渇きに苦しめられ、幽霊となって地上をさまよい、生きている者に災いをもたらすと考えていた。

数は多くないが、このような幽霊の話がいくつか伝えられている。古代ローマの最も有名な幽霊譚は、『博物誌』の著者大プリニウスの甥であった小プリニウス（六一／六二―一一四年頃）の書簡（第七巻二七）に見られる。

ギリシアのアテナイには、幽霊が出ると言われる屋敷があり、元の住人はこの幽霊に悩まされ死んでしまった。その後、この屋敷には住む人がなく、貸しに出されていた。この話を聞いた哲学者のアテノドロスは、家賃が安いこともあり、この屋敷を借りて住むことにした。アテノドロスが夜に書き物をしていると、「金属がかち合い、鎖をひきずる音」（国原吉之助訳）が聞こえて来て、やがて、痩せ衰え、垢まみれで、髯はぼうぼう、髪は逆立ち、手足に枷《かせ》を付けられた老人の幽霊が現れた。幽霊はアテノドロスについてくるように促し、中庭で姿を消した。翌朝、アテノドロスが幽霊の消えた場所を掘り返してみると、「鎖の中に差し挟まったり、包まれたりした骨」（同訳）が見つかったので、骨を集めて埋葬し、弔ってやった。すると、屋敷に幽霊は出なくなったというのである。

暴君として知られる三代皇帝カリグラ（在位三七―四一年）もちゃんと埋葬されなかったために幽霊になったとされている。この話を伝える二世紀のスエトニウスの『ローマ皇帝伝』「カリグラ」（第五九章）によれば、暗殺されたカリグラの遺骸は「こっそりとラミア家の庭園に運ばれ、俄《にわ》かづくりの薪堆《しんたい》の上で半焼きにされた後、埋めて軽く芝土をかけられた」（国原吉之助訳）。後に、妹たちがその「遺骸を掘り出し、荼毘《だび》に付し懇《ねんご》ろに弔った」（同訳）のであるが、この「本葬が行なわれる前、ラミア庭園の番人がカリグラの幽霊に悩まされたという話は、よく知られている。そしてカリグラが倒れた屋敷の中にも、毎晩きまってなにか妖怪変化が現われたので、ついにこの屋敷も火をつけて壊してしまったという」（同訳）。

古代ローマには死者の魂は、未来のことを知っているという信仰もあり、魔術師はそれらを呼び出して、未来を尋ねた。一世紀のルカヌスの『内乱』でも、三世紀のヘリオドロスの『エティオピア物語』でも、戦死した兵士の魂が魔女によって元の肉体に召喚され、死体が起き上がって未来を告げるのである。

魂の死後の存続を信じる人が大勢いた一方で、一、二世紀のローマ帝国では、死後の魂の存続を否定するエピクロス派やストア派が流行していた。これらの哲学に従えば、死者の魂が苦しんで、幽霊になるようなことはなかった。この点、エピクロス派は実に明快であり、前一世紀の詩人で、この哲学を奉じていたルクレティウスは、その『物の本質について』（第三巻五九〇—五九二）で「肉体という容器が全く破壊されてしまえば、そして生命の息が外部へ放出されてしまえば、精神の感覚は消散し、魂も亦《また》——この二者が結合されて生命の因をなしている以上——消散してしまう」（樋口勝彦訳）と歌い、人々が幽霊であると思っているものは、物体の表面から発せられる原子が作り出した映像にすぎないとした。

しかし、それほど簡単に割り切れるものではなかったことは、葬儀組合の存在が示している。古代ローマ人は、皆でお金を出し合って、自身の死後、埋葬や供養がしっかりなされるように配慮していたのである。当時、葬儀組合以外にも、同業者組合もあったが、その規約には、やはり死者の埋葬や供養を行うことが盛り込まれていた。

こういった組合に入っておらず、また身寄りがない貧しい者の遺体は、市中に放置されたままになってしまうこともよくあったようである。一説によれば、ローマ市内には、年に一五〇〇体もの遺体が遺棄されていた。スエトニウスの『ローマ皇帝伝』「ウェスパシアヌス」（第五章）では、後の皇帝ウェスパシアヌスが「昼食をとっていると、よその犬が三叉路から人間の手をくわえて来て、食卓の下に落とした」（国原吉之助訳）というエピソードが語られている。このエピソードに現れる見知らぬ犬は吉兆、手はウェスパシアヌスが世界をその手で治めることを意味しており、エピソード自体としてはウェスパシアヌスが将来、皇帝となる予兆として語られている。しかし、ここで注目すべきは三叉路で、当時の三叉路はゴミ捨て場であった。つまり、一部の遺体は、ごみ捨て場に捨てられていたのである。このことは、同時に、浮かばれない多くの魂が町の中を漂っていたことにもなる。

死後の自身の肉体と魂の行く末が大方のローマ人にとって、切実な問題であったことは間違いないだろう。この意味で、ミトラス教が、その教義の中核に死後の魂の問題を置いていたことは、至極当然のことなのであった。

このようにミトラス教の教義は、万人の不安に応えるものであった。しかし、現実にはその信者には、奴隷や解放奴隷、兵士が多く、明らかな社会層の偏りがあった。ミトラス教には、魂に関わる「高等教義」以外に、彼らに特にアピールする要素があったと見るべきである。それはいったい何だったのだろうか。続いてはこの点を奴隷や解放奴隷、兵士たちの置かれた状況から探っていこう。

奴隷と解放奴隷の境遇

古代ローマにおいて、奴隷は「声を出す種類の道具」とされ、人間ではなく、動産に分類されていた。ちなみに、家畜は「半ば声を出す種類の道具」であり、荷車などのいわゆる道具は「沈黙する種類の道具」であった。

奴隷の用途は、農場や鉱山における肉体労働から、主人の身の回りの世話まで実に多岐にわたっていた。皇帝や元老院議員の下にいた奴隷などは、時に、事実上の官僚の役割を果たしていたことも第Ⅱ章で述べた通りである。総じていえば、都市部にいて主人の身近に仕えていた奴隷のほうが、農場などで監督奴隷の下で肉体労働を課されている奴隷よりも、よりよい環境に置かれていたと言えるが、すべては主人次第であった。様々な意味での虐待は日常茶飯事だった。

奴隷を所有したのは、主に富裕層であり、その最上層にいたネロ帝時代（五四—六八年）のある元老院議員などは、ローマ市内にある屋敷の中だけで、四〇〇人もの奴隷を所有していた。元老院議員は、通常、屋敷以外に田舎に所領をもっていたので、この元老院議員の場合、所有する奴隷の総数は、四〇〇人を優に超えたであろう。小プリニウスもまた、少なくとも四〇〇人以上の奴隷を持っていた。しかし、大半の奴隷所有者は、数名から数十名の奴隷の所有に留まっていた。

奴隷は帝国全土で九〇〇万人ほど（人口の一五パーセントほど）いたと推定されているが、地理的にも時間的にも、満遍なく帝国に広がっていたわけではなく、差は大きかった。奴隷の人口に占める割合が最も高かったのは、前一世紀から後一世紀の共和政末期から帝政初期にかけてのイタリアで、この時期のイタリアの人口の四〇パーセントが奴隷であったとされている。

共和政末期にイタリアにおいてこのように奴隷が集中し始めたのは、奴隷の主たる供給源が戦争捕虜だったからで、当時のローマは、ポンペイウスの東方遠征やカエサルのガリア征服のような大規模な対外戦争を繰り返しており、その過程で捕虜となった者がローマ本国であるイタリアに大量に流入して来ていたのである。しかし、帝政期に入って大規模な対外戦争が止むと、奴隷の供給源は変わっていった。

戦争捕虜に代わって奴隷の大きな供給源となったとされているのは、捨て子であり、奴隷商人は捨て子を拾ってきては、これを育てて、奴隷として売った。また奴隷の子は、奴隷であった。奴隷は、法的には結婚できなかったが、主人の許可があれば、男女の人間関係をもつことも可能であったので、奴隷の子は常にそれなりの数存在したのである。その他にも、奴隷の供給源となったのは、奴隷商人や山賊、海賊などにさらわれた者たちや帝国の領外から輸入された者たちであった。

奴隷たちの悩みごと

奴隷が発した悩みの声が、『アストランプシュコスの神託』に残されている。それによれば、その悩みは大きく三つあった。すなわち、「私は主人と上手くやっていけるでしょうか」、「私は売られるでしょうか」、「私は自由の身になれるでしょうか」というものである。最初の悩みに説明は要らないであろう。

二つ目の「私は売られるでしょうか」は、切実な悩みであった。主人に売られることは、その主人との関係が悪ければ、そのほうがよいとも言えるが、これが悩みとして挙げられているのは、境遇が好転するよりも悪くなることのほうが多かったからである。先に言及したように、奴隷は、法的な意味ではないが、家族を持てた。しかし、売られれば、その家族は崩壊せざるをえず、そして、それは実際にしばしば起こることであったらしい。また、奴隷は、同じ境遇の者同士、互いに助け合っており、奴隷たちは自身の葬儀を営んでもらうために葬儀組合を結成したりしていた。このような人間関係も、他所に売り払われれば、一瞬で失われてしまうのである。

そして、第三の悩み「私は自由の身になれるでしょうか」は、裏を返せば、当時の奴隷には、奴隷身分から解放される可能性があったことを示している。解放の方法は三つあった。ひとつは、「人口と財産調査による解放」であり、五年に一度、監察官によって行われる人口と財産調査の際に、主人が奴隷を市民として登録することで、奴隷はその身分から解放された。二つ目の方法は、「杖による解放」である。これは、法務官や属州総督の面前で行われるもので、奴隷は主人と共にこれらの政務官の下に赴いて、もともと自由人であったことを主張し、主人がそれを認めて、杖で触れると、奴隷は解放された。もっともよく利用されたとされるのが、三つ目の「遺言による解放」だった。これは、主人が形式の整った遺言で、奴隷解放の遺志を示しておけばよいだけで手続きが簡便だったからである。

しかし、解放されても、元の奴隷は、元の主人を「保護者（パトロヌス）」として仰がなければならず、完全な自由を得たわけではなかった。元主人には、解放奴隷の財産の相続権があり、また解放奴隷は一年のうちの一定期間は元主人のために働かなければならなかったのである。さらに、元主人に対して元奴隷は訴訟を起こしてはならないなど、解放奴隷には恭順さも求められた。解放奴隷は、元老院議員や騎士、都市の参事会員などにはなることもできなかった。

一方で、「遺言による解放」に際して、主人から財産も遺贈され、大金持ちになる奴隷もいた。一世紀に書かれた小説『サテュリコン』（七六）には、トリマルキオなる大金持ちの解放奴隷が登場するが、トリマルキオが大金持ちになったきっかけは、主人に「皇帝とともに遺産相続人」（国原吉之助訳）とされ、「元老院議員の資格財産ほどの遺産を手に入れた」（同訳）からであった。当時は、皇帝に対する忠誠心を示すために、皇帝を相続人とする慣習があった。また元老院議員の資格財産は、一〇〇万セステルティウスであった。トリマルキオは、この莫大な資金を元手に、商売をして財産を増やすと、土地に投資し、さらには金融業も営むようになるのである。主人の好意を得ることのできた奴隷は、たいていは主人の代理人として仕事の手助けをする才覚と経験があったため、遺贈された財産をいっそう増やすことができたのであった。言うまでもないが、こういった奴隷は、もちろんごく一部の幸運な奴隷であり、多くの奴隷が労苦のうちに死んでいったことは、想像に難くない。ローマ市内から出土した奴隷の墓碑には、「私レシモはここに眠る。死以外の何も私の労苦を終わらせることはなかった」（西村昌洋訳）とあった。

奴隷の宗教

彼ら奴隷たちに特有の宗教としては、キリスト教が直ちに想起されるかもしれない。しかし、初期のキリスト教徒に奴隷を初めとする下層民が多かったとする見方は近年、明確に否定されている。その社会的基盤は、比較的豊かで教養ある中層、一部は上層の都市民だったのである。農場で働く奴隷は、そもそもキリスト教に接する機会自体がなかったし、都市にあって主人の屋敷で働く奴隷も、ミ

郵便はがき

112-8731

料金受取人払郵便

小石川局承認

1125

差出有効期間
2025年4月9
日まで
（切手不要）

東京都文京区音羽二丁目
十二番二十一号

講談社
学芸部
学術図書編集
行

ご購読ありがとうございました。今後の出版企画の参考にさせていただきますので、ご意見、ご感想をお聞かせください。

ご住所《フリガナ》　〒□□□-□□□□

お名前《フリガナ》　生年(年齢)
（　　歳）

電話番号　性別　1男性　2女性

ご職業

小社発行の以下のものをご希望の方は、お名前・ご住所をご記入ください。

・学術文庫出版目録　希望する・しない

・選書メチエ出版目録　希望する・しない

TY 000045-2302

この本の タイトル	

本書をどこでお知りになりましたか。

1 新聞広告で　2 雑誌広告で　3 書評で　4 実物を見て　5 人にすすめられて
6 目録で　7 車内広告で　8 ネット検索で　9 その他（　　　　　　　　　　　　）
＊お買い上げ書店名（　　　　　　　　　　　　　　　　　　　　　　　　　　　）

1．本書についてのご意見、ご感想をお聞かせください。

2．今後、出版を希望されるテーマ、著者、ジャンルなどがありましたらお教えください。

3．最近お読みになった本で、面白かったものをお教えください。

ご記入いただいた個人情報は上記目的以外には使用せず、適切に取り扱いいたします。

トラス教とは異なって、四世紀前半にコンスタンティヌス帝によって公認されるまでは非合法であったキリスト教に、主人の許可なく、彼らの意思だけで入信することは難しかっただろう。

アテナイオス『食卓の賢人たち』（三世紀）によれば、ギリシアのコス島の女神ヘラの神殿では、犠牲式に際して奴隷は神殿に入れず、また犠牲式の後の供食への参加も禁じられていたとされる。しかし、このように明白に奴隷の参加が禁じられている事例はほとんどなかったので、奴隷たちには、主人が認める限りにおいては、比較的自由な信仰の機会があった。奴隷たちは、ユピテルなどの伝統的なローマの神々の神殿に詣でることも、またエレウシスやイシスの秘儀に参加することも、そしてもちろんミトラス教に入ることもできたのである。

奴隷のための祭りではなかったにしても、奴隷が主役となった祭りも、古代ローマには存在した。それはサトゥルヌス神の祭り、サトゥルナリアである。この祭りは、毎年一二月一七日から七日間祝われた。この間、人々は、宴会用の衣服を着て、奴隷の被るピレウス帽子を被り、盛大に飲み食いをした。奴隷たちは、自由に振舞うことが許され、主人よりも先に食卓につくことなどが許されたのである。祭りの最後の日には、小型の陶製の人形が贈り合われた。

兵士の日常

ローマ帝国の軍隊は、これも第Ⅱ章で言及したように、軍団と補助軍を合わせて総数三〇万に及んだ。兵士は、職業軍人であり、徴兵ではなく、志願兵からなっていた。兵員を満たすために必要な新兵の数は、年間、七五〇〇から一万人ほどであったと見積もられている。二世紀の帝国民が五〇〇〇万から六〇〇〇万ほどいたとはいえ、入隊の年齢は、二〇歳前後であり、また軍団に関しては、ローマ市民権の保持者であることが求められたので、この資格に適う帝国民は、特にローマ市民権が行き渡っていなかった帝政の初期においては限られていた。しかし、それでも志願兵で兵員を満たすことができたのは、軍隊生活にそれなりの魅力があったからである。

まず、兵士になれば、古代では珍しく、給与として現金収入を確実に手にすることができた。一般兵士の給与は、年間九〇〇セステルティウス。この額は決して高額とは言えないが、日常の食料などは軍から給与とは別に支給されたことを思えば、十分な金額であっただろう。加えて、退職時には、一万二〇〇〇セステルティウスが支払われた。軍内で出世して、百人隊長になることができれば、給与は大幅に増加し、年一万八〇〇〇セステルティウスになった。百人隊長は、五〇〇〇名ほどから成る軍団内に五九名おり、うち一名の首席百人隊長にまで昇進すれば、給与はいっそう増えて年七万二〇〇〇セステルティウスとなり、騎士の身分が与えられた。百人隊長、まして首席百人隊長にまでなるのは容易なことではなかったが、兵士には自らの社会的地位を上げる道が開いていたのである。軍には、常駐の医師もおり、しっかりした医療を受けることもできた。

さらに、一、二世紀のローマ帝国は、「ローマの平和」の時代であり、年単位で続く大規模な戦争は少なく、うまくいけば、勤務期間である二五年の間、一度も戦闘に巻き込まれることなく、退役までの時間を過ごすことも不可能ではなかった。

一世紀後半の歴史家のタキトゥスによる『年代記』(第一三巻三五)は、ネロ帝時代のシリアの軍について「シュリア〔シリア〕から転送された軍団兵は、長い間の平和のため怠惰となり、陣営の課す義務にひどい嫌悪を示していた。この軍隊の中に、歩哨《ほしょう》や夜警についたことがなく、また堡塁や壕を見て、まるで始めての風物のごとく驚き怪しむ古兵がいたという話は本当である。彼らはめいめい甲冑も兜も持たず、そのくせみなりは飾り立て、たんまり金を蓄え、町のまん中で軍隊生活を送っていた」（国原吉之助訳）と書いている。この一文は、「堕落した東方のローマ軍」というステレオタイプに基づいた記述との解釈もあるが、実際に、シリアでは、アウグストゥス帝が前二〇年にパルティアと講和条約を結んで以後、七〇年以上、戦争を経験しておらず、また都市文明が発展していた東方では、ローマ軍は既存の都市内、あるいはその近郊に軍営を構えていたので、都市の悪風に染まりやすかったのも事実なのである。

過酷な軍営生活

一方で、軍営での生活には、過酷な面もあったことは否定できない。まっ先に思い浮かぶのは、厳しい軍事訓練である。一世紀のヨセフスは、『ユダヤ戦記』（第三巻五）においてローマ軍は平時においても「日々、戦場におけるかのごとくに、全勢力を傾注して訓練に励んでいる」（秦剛平訳）と言い、その「軍事訓練を流血抜きの戦闘、戦闘を流血の軍事訓練と呼んだとしても、それはあながち間違いではないであろう」（同訳）とまで述べている。

しかし、これはローマの武勇を過度に際立たせることで、ローマ人を褒め、他方で彼らと対等に戦ったユダヤ人を讃えようとしたヨセフスの明らかな誇張である。実際には、軍事訓練に熱心であったと伝えられる二世紀後半の属州シリア総督アウィディウス・カッシウスですら、武器を用いる本格的な訓練は週に一度行わせていたにすぎなかったようである。とはいえ、それ以外の時間を、兵士たちは、無為に過ごせたわけではもちろんなく、様々な雑役を課されていた。

日常の雑役に対する兵士たちの不満についても、タキトゥスが『年代記』（第一巻三五）に記録している。アウグストゥス帝が亡くなった紀元後一四年に、パンノニアとゲルマニアの兵士たちは暴動を起こしたが、その際、彼らは「そのうち、誰ということもなく、口々に、高い金で買う休暇について、低い給料や冷酷無情な使役、なかんずく堡塁や塹壕の建設について、食糧・材木・薪の運搬、そのほかに、必要上から、また陣営暮しの暇をつぶす目的で、思いつかれるあらゆる労務について、苦情をのべた」（国原吉之助訳）とある。「高い金で買う休暇」というのは、兵士には休日が定められていなかったので、休暇をとる際に、しばしば上官に賄賂を渡さなければならなかったのである。「陣営暮しの暇をつぶす目的で、思いつかれるあらゆる労務」には、運河の開削や、橋や道路の建設、鉱山での採掘などがあった。そして、タキトゥスの記述は、遺跡から出土する兵士の日勤表からも確認できるのである。

また、兵士たちには、勤務期間の二五年の間は、結婚が禁止されていた。これを定めたのはアウグストゥス帝であった。アウグストゥス帝時代のローマ軍は、部隊の頻繁な移動を前提としており、部隊移動に際して足かせとなる家族を兵士がつくることを認めなかったのである。また、兵士が顧みる家族を持たず、同僚兵士を家族のようにして心を合わせて軍務に専心することも期待したのであろう。

しかし、軍が女性と全く接することなく存在し得たわけではない。東方では兵士たちは駐屯地周辺の都市に繰り出したし、都市の発展していなかった西方では、軍の周辺に彼らの持つ金銭に惹かれて、商人や売春婦が集まり、軍の門前町のようなものが形成されたのであり、兵士たちが、時に、事実上の婚姻関係に入ることはしばしばあった。しかし、結婚が正式に認められていない以上、軍の移動に際しては、家族関係は簡単に崩壊したであろう。兵士の結婚は、三世紀のセプティミウス・セウェルス帝の治世（一九三―二一一年）に認められることになるが、その結果、兵士たちは、やがて家族を理由に部隊の移動に公然と不満を漏らすようになり、これが軍の反乱のひとつの原因となって、セウェルス朝が絶えた後には、ローマ帝国は軍人皇帝時代に入ることになるのである。

孤独な兵士たちは仲間内で助け合い、戦死した友のために建てられた次のような墓碑もドイツから出土している。「これは、第三軍団フラウィアの兵士にして、二十五年の人生のうち七年間従軍したアウレリウス・ウィタリスの記念碑である。ウィタリスの第二級の相続人にして、先述の軍団の兵士、ゲルマニア侵攻の参加者であるフラウィウス・プロクルスが、すばらしき戦友のためにこれを建てた」（山下孝輔訳。一部訳文を変更した）。

兵士たちの信仰

兵士たちの宗教生活については、シリアのドゥラ・エウロポスから出土した三世紀前半の宗教暦が教えてくれる。暦には、礼拝日とその対象、そしてその供物が記載されていた。礼拝日は多ければ月に七日ほどあった。その対象となったのは、今上のアレクサンデル・セウェルス帝とその家族、およびアウグストゥス帝やハドリアヌス帝やトラヤヌス帝、マルクス・アウレリウス帝などの歴代の神格化された皇帝たち、さらにはユピテル神やマルス神などローマ国家の伝統的な神々であった。皇帝やその家族については、誕生日や即位日を初めとする記念日が祝われるように定められ、特に今上、および歴代の皇帝の記念日には、牡牛が犠牲として捧げられることになっていた。この暦は、ドゥラ・エウロポスに駐屯した補助軍部隊「パルミラ人から成る第二〇歩兵部隊」が所有していたものだが、その起源は一世紀頃のユリウス・クラウディウス朝期に遡り、軍団を含む全ローマ軍部隊に共通して用いられたものであった。

ローマ軍には、軍旗に対する強い信仰もあった。二世紀後半の教父テルトゥリアヌスは、『護教論』（第一六章八）で「軍隊ではローマの宗教として軍団のしるしがおがまれ、それにむかって誓いをたてあらゆる神々よりもそれを重んじている」（鈴木一郎訳）と記している。このテルトゥリアヌスの証言には誇張があるとはいえ、ローマ軍が軍旗を部隊そのものと同一視し、これを失うことを過度に恐れ、軍の駐屯地には、軍旗を祀る礼拝堂もあったことは確かである。軍旗に責任をもったのは、首席百人隊長であった。軍団の設立日は、「鷲の誕生日」として祝われた。「鷲」はローマの軍団旗に付いた徽であったので、軍旗が新設の軍団に付与された日が、軍団の誕生と等しいものとされていたことがここからも分かるだろう。

これら公的なローマ軍の宗教は、兵士たちの皇帝や軍組織に対する忠誠心を徹底して鼓舞、あるいは維持するためのものであった。

だが、一方で兵士たちに私的な信仰が許されていなかったわけではない。ブリテン島では、アノキティクス、ガルマンガビス、コキディウスなどの我々には聞きなれない、しかし、現地の兵士たちにとっては親しみある在地の神々に碑文が捧げられていた。在地の神々と並んで、兵士の信仰を集めていたのは、ミトラス教やユピテル・ドリケヌス神の崇拝であった。

　ユピテル・ドリケヌス神は、トルコ南東部のコンマゲネ地方のドリケに起源をもつ神で、軍装で牡牛の上に立ち、双斧と稲妻をもつ姿で表された天空神である（図Ⅳ－6）。この神の信仰は、一世紀

図Ⅳ-6 ユピテル・ドリケヌス神（図の左下方、牡牛の上に立ち斧を振り上げている）

地図Ⅳ-1 ユピテル・ドリケヌス神信仰の分布

前半にローマ軍内で知られるようになり、三世紀半ばには勢いを失った。一九八七年に刊行された史料集には六四二の碑文が収録されている。ミトラス教の碑文数が一〇〇〇ほどなので、その人気は相当なものであった。流布した地域もミトラス教とほぼ重なるが（地図Ⅳ－1）、ミトラス教以上に軍人の信者の割合が高く、それは四割ほどに及んだ。また、ミトラス教と違って、女性も信者になることができ、ローマ帝国の東方の出身者が信者に多かった。

ユピテル・ドリケヌスの崇拝者には、神官と平信徒の区別があったのも、ミトラス教との大きな違いである。祭儀を取り仕切ったのは、サケルドスと呼ばれる神官であり、その下には神官見習い（カンディダトゥス）がいた。神官見習いたちは、「神官見習いの父（パテル・カンディダトルム）」の監督下で、いくつかのグループに分けられて、個々のグループを「保護者（パトロヌス）」が率いていた。共同食事の儀礼や祭列を伴う祭り、沐浴や清めの儀式、あるいは夢占いや神託のようなものもあったようであるが、碑文のわずかな言及から推定されているにすぎず、詳細は分からない。いずれにしても、ミトラス教に比べれば、はるかに組織も教義も単純なものだったことは確かであり、文献上の言及としては、六世紀の人と思われるビザンティウムのステファノスによる地名辞典にドリケ市の神としてその名が挙げられてくるだけである。ミトラス教とは異なり、知識人の関心を引くことがなかったのである。

二世紀後半以後、ローマ軍に入るキリスト教徒の数も増えていったとされるが、キリスト教が非合法宗教であった上、宗教暦が示すように日々の異教の祭儀に参加する義務があったので、その数は限定的であったと見てよいだろう。ローマ軍は、元老院と並んで、最後まで異教色の残った組織であった。異教徒がローマ軍に入ることが法によって禁じられたのは遅く、四一六年のことだったのである。

忍従と孤独、友愛の宗教

以上のような奴隷や解放奴隷、兵士たちには、明らかに共通点がある。

ひとつは日常の労苦である。奴隷や解放奴隷は、主人、あるいは元主人に仕え、特に奴隷は日々の過酷な仕事に耐えなければならなかった。兵士もまた、上官の命に服従して、やはり厳しい雑務を務めねばならなかった。もうひとつは、彼らが正式な家族を持つことができず、事実上の家族は常に引き裂かれる可能性があったということである。彼らは孤独と常に隣り合わせであった。

非常に興味深いことに、ミトラス神はこれらの点を共有していた。

ミトラス神は、殺される運命にある牡牛を洞窟に連れて行くが、その際、牡牛と格闘し、最後には牡牛を両肩に担ぐことになる。重い牡牛を苦労して運ぶ姿は、彫像などにしばしば表された（図IV-7）。

図IV-7 牡牛を担ぐミトラス神

そして何よりも、ミトラス神は、孤独な神であった。ミトラス神は、岩から生まれた。これは親がいないことを意味している。ミトラス神には兄弟もいない。ミトラス神に妻がいないことも、前章で指摘した通りである。したがって、子供もいない。

しかし、この孤独なミトラス神は、牡牛殺しを成し遂げるに当たって、太陽神との協力関係に入っている。ミトラス神は、家族には恵まれていないが、仲間はもっていたのである。

ローマの伝統的な神々も、イシスやユピテル・ドリケヌスのようなオリエントの神々も、忍従や孤独とは無縁である。イエスは苦難は受けるが、父なる神がおり、聖母マリアがいる。しかし、ミトラス神は違っていた。

おそらく、この神が奴隷や兵士たちに特にアピールした最大の要因は、高等教義とも言える魂の教説ではなく、彼ら自身を彷彿とさせる、孤独と忍従を強いられながらも、仲間と協力して、偉大なことを成し遂げるその神の姿にあったのではないか。実際問題としても、ミトラス教徒は各地で信者組織を形成していた。そのため、仮に家族から引き離されて見知らぬ土地に売り飛ばされても、あるいは異動になっても、そこには同じ哀しみを共有できる仲間がいたことになる。この点も、自らに重ね合わせることのできる神の姿に加えて、ミトラス教の大きな魅力であったに違いない。

ミトラス教の起源再論

ここまでミトラス教の全体像の復元を概ね終えたので、ここで改めてミトラス教の起源について考えておこう。

ミトラス教は、魂についての教説を核とし、その教説に基づいて死後の魂の安寧を得るべく七つの位階の儀式を行っていたわけだが、このような複雑な教説をもち、組織立った宗教の起源は、やはり一人の教祖の発案に求められるべきである。

教祖がローマの宮廷の解放奴隷であるとの推定は第Ⅱ章で述べた通りであるが、ミトラス教の全体像を踏まえると、出身地はコンマゲネとするのが妥当だろう。コンマゲネのミトラス神は、フリュギア帽子を被った髭のない若者の姿で、マントをまとい、短剣を腰に帯びた姿で描かれていたが、この姿はミトラス教のミトラス神そっくりである。また、コンマゲネでは、ミトラス神は、ヘルメス神とも同一視されていた。このヘルメス神は、第Ⅰ章で述べたように、本来はバビロニアの占星術の考えに基づいた「太陽の星」としてのヘルメスを意味していたのであるが、ミトラス教の教祖は、このヘルメスにギリシア神話における死者の魂を冥界へ導く神としての姿を見てとることで、ミトラス神にも死者の魂の導き手としての性格を与えたと思われる。すなわち、コンマゲネとミトラス教のミトラス神に認められる、その姿と機能の類似は、偶然ではなく、コンマゲネにおけるミトラス神のあり方を知っている者の存在を想定させるのである。

さらに、コンマゲネでは、アンティオコス一世（在位前六九頃―前三六年頃）の魂は、「天なるゼウス・オロマスデスの玉座へ」行くとされていた。王の陵墓がネムルート山の山頂に建てられたのもそのためだった。つまり、素朴な形ではあるが、死者の魂は天へと上ることになっていたのである。ここにもミトラス教との類似がある。しかし、魂が天に上るとの思想は、同時代のキケロの『国家について』（第六巻一三）にも見られるもので、広く知られていた。この作品では、カルタゴのハンニバルと戦った大スキピオが、孫の小スキピオと夢の中で対話をするが、大スキピオの魂は、惑星圏を超えた恒星天上の天の川にいることになっている。しかし、万人の魂が恒星天に行けたわけではなく、「祖国を守り、助け、興隆させた者すべてのために」（岡道男訳）定められた場所とされているので、いわば政治家だけが行ける場所であった。アンティオコス一世の行く場所も「玉座」であるので、一般人が行けたとは思われない。

ミトラス教の教祖の独創が太陽神ミトラスと牡牛に見立てられた魂の源である月とを結び付けた、あの「牡牛を殺すミトラス神」の像を考案したことにあったのは言うまでもないが、支配者にしか行くことのできなかった恒星天に、ミトラス教の秘儀を宇宙を模倣した洞窟神殿で生前に受けた者であれば、誰でも到達できるとしたところにもあったのだろう。誰でも、と言っても、この教祖が当初想定した信者は、自身と同じ境遇にある解放奴隷や奴隷であったことは、ミトラス神が彼らと同じく忍従と孤独を経験する神であったことから推定できる。

岩から生まれる神の伝承が残るのも、小アジアであった。この地を支配していたヒッタイト王国の粘土板文書には、先住のフルリ人の神話が記録されており、その神話にはウルリクムミという神が登場する。この神は、クマルビ神が冷たい泉のそばにあった岩と交わって生まれた子であった。岩から神が生まれる話は、コーカサス地方の叙事詩にもあり、小アジア東部一帯に広く知られたものだったのだろう。ただし、クマルビ神の神話にしても、コーカサス地方の叙事詩にしても、石をはらませた者が、女嫌いであったとはされていない。おそらく、ミトラス教の教祖は、男性のみの宗教を創り出そうとした際、自身が知っていた岩から生まれる神の神話を、ミトラス神の女嫌いの神話として創り変えたのであろう。

プルタルコスの伝える海賊が「ミトラに対する秘密の儀式」を創始したのもやはり小アジアのキリキア地方であった。キリキアはコンマゲネのすぐ隣である。「秘密の儀式」の内容は必ずしも明らかにはできなかったが、ミトラス教の教祖はこれについても何か知るところがあったのかもしれない。

いずれにしても、ミトラス教の教祖の出身地をコンマゲネとすると、コンマゲネの出身者が多くローマ帝国の宮廷に入り込んでいったのは、この地域が帝国に併合された七二年以後となり、ミトラス教の成立も一世紀後半に置くことができる。ミトラス教は、当初の信者層を超えて兵士やさらにその周辺の民間人にまで広がったが、このことは教祖にとっていい意味での想定外であっただろう。ミトラス教が誕生した一世紀後半は、史上空前の規模で多くの人が自らの故地を離れて移動するいわばグローバル化の時代だったのであり、その分、孤独に苦しむ人は増えていた。ミトラス教の拡大には有利な条件が整っていたと言えるのである。

第V章

異教の時代の終焉
——キリスト教の圧力

図 **V-0**　顔を破壊されたミトラス神（ドイツのオスターブルケン出土）

キリスト教の公認

異教の時代の終わりは、一人の人物の決断によって始まった。その人物の名は、コンスタンティヌス（扉図Ⅵ－0）。四世紀初めに在位したローマ皇帝である。

コンスタンティヌス帝は二七二年頃に、バルカン半島出身の軍人コンスタンティウス一世とヘレナの息子として生まれた。

父親のコンスタンティウス一世は、軍内で順調に出世し、二九三年にはディオクレティアヌス帝の同僚皇帝に抜擢され、西方正帝マクシミアヌスの下、西方副帝としてブリタンニアとガリアの統治を任された。これがいわゆる四帝統治体制の始まりである。東方正帝はディオクレティアヌス帝、東方副帝はガレリウス帝であった。三〇三年からは、ディオクレティアヌス帝がキリスト教徒の大迫害を始めるが、コンスタンティウス一世の領内では迫害は抑制されていた。コンスタンティウス一世は、太陽神の信奉者であったようだが、ヘレナがキリスト教徒であったこともあり、キリスト教に理解があったのだろう。三〇五年に東西の正帝であるディオクレティアヌス帝とマクシミアヌス帝が退位すると、コンスタンティウス一世は、マクシミアヌス帝に代わって西方正帝に昇格した。が、翌年、ブリテン島の現ヨークで病没した。

これを受けて、コンスタンティヌスが、その場にいた父帝麾下《きか》の軍によって皇帝に擁立された。しかし、コンスタンティヌスの即位は、ディオクレティアヌス帝が敷いた四帝統治体制の原理に反するものであった。四帝統治体制の原理では、帝国は東西の二人の正帝と二人の副帝によって統治され、二〇年の在位で正帝は退位し、自動的に副帝が正帝に昇格し、新たな副帝が選出されることになっており、その際、新副帝は世襲によらずに選ばれるべきものだったからである。

だが、内乱を恐れた東方正帝ガレリウスは、コンスタンティヌスの即位を、あくまでも副帝としてではあったが、認めた。この波紋は大きく広がった。退位していた西方正帝マクシミアヌス帝の息子マクセンティウスも、コンスタンティヌス帝と同様、四帝統治体制の原則に従って帝位継承からは外されていたが、コンスタンティヌス帝が皇帝になったのを目にして、ローマ市で勝手に皇帝を称することになったのである。コンスタンティウス一世に代わって西方正帝となっていたセウェルスが討伐に向かったが、敗退し、マクセンティウス帝はイタリアとアフリカを自領として固めた。こうしてローマ帝国の西方は、マクセンティウス帝とコンスタンティヌス帝によって二分されることになった。

帝国の統一に向けて動き出したのはコンスタンティヌス帝で、三一二年にマクセンティウス帝のいるローマ市に向かって軍を進めた。

キリスト教史家カエサレアのエウセビオスがコンスタンティヌス帝自身から聞いたところによれば、同帝は、進軍の途上で「一日がすでに午後になりはじめていた頃」、「これにて勝利せよ」と書かれた光り輝く「十字架のトロパイオン〔トロフィー〕」が太陽の上にあるのを目にした、とされている（『コンスタンティヌスの生涯』第一巻二八、秦剛平訳）。その後、コンスタンティヌス帝は、十字の徴を兵士の楯に付けさせて、マクセンティウス帝と戦い、これに勝利したのだった。マクセンティウス帝に対する勝利を記念して建てられたローマ市に現存する凱旋門には、この伝説を裏付けるかのように、「神の導きによって」、「暴君」マクセンティウスから国家を解放したとの文言が刻まれている（図Ⅴ－1）。

図V-1 コンスタンティヌス帝の凱旋門

図V-2 ユリアヌス帝のコイン

戦勝を与えてくれた神に感謝したコンスタンティヌス帝は、翌三一三年に東方正帝リキニウスと共同で「ミラノ勅令」を発して、これまで非合法の宗教として迫害を受けてきたキリスト教を公認することを決断したのだった。

しかもそれは単なる公認にとどまらず、コンスタンティヌス帝は、キリスト教の聖職者に様々な特権を与え、教会に莫大な土地、財産を寄付し、また帝国各地に教会堂を建立するなどして、キリスト教を積極的に支援していったのである。一方で、異教は攻撃された。リキニウス帝を倒して、帝国を統一した三二四年に、コンスタンティヌス帝は、異教の神々への供犠を禁じた。神々に犠牲獣を捧げる供犠は、異教の核心とも言えるものであった。エウセビオスによれば、さらにコンスタンティヌス帝は、愛の女神アフロディテの神殿を三つ、医神アスクレピオスの神殿をひとつ破壊した。

こうしてコンスタンティヌス帝の治世以後、ローマ帝国では、キリスト教の勢力が大きく伸長し、異教は衰微していくことになった。しかし、キリスト教化の波に抵抗した者がいなかったわけではない。その代表は、背教者と呼ばれたユリアヌス帝（在位三六一―三六三年）であり（図Ⅴ-2）、ローマ市に集った元老院議員たちであった。そして、彼らは、いずれもミトラス教との関わりをもっていたのである。

背教者ユリアヌス

ユリアヌスは、コンスタンティヌス帝の異母兄弟の息子として、三三一年にコンスタンティノープルに誕生した。しかし、三三七年五月、ユリアヌスが六歳の時に伯父のコンスタンティヌス帝が没すると、九月にコンスタンティノープルで軍隊が暴動を起こし、父親を初めとするコンスタンティヌス帝の異母兄弟の血統に属する男性は、ユリアヌスとその兄で当時一二歳であったガルスを除いて、すべて殺害されてしまった。

この事件の後、帝国はコンスタンティヌス帝の三人の息子、コンスタンティヌス二世、コンスタンティウス二世、コンスタンスの三人が分担して統治することになった。

ユリアヌスは、帝国東部を担当したコンスタンティウス二世の下に置かれた。コンスタンティウス二世も熱心なキリスト教の支持者で、三四一年には、父帝の方針を引き継いで、罰則を伴う供犠禁止令を発し、また三五六年には、全ての異教の神殿の閉鎖と供犠の禁止を命じて、違反者には死罪と財産没収をもって臨んだ。

このような皇帝の監督下、ユリアヌスはキリスト教徒として育てられた。少年時代の当初は小アジアのビテュニア地方の母方の所領で過ごしたが、母親は早くに亡くなっており、また兄は別の場所で暮らしていた。ユリアヌスの孤独を慰めたのは、母親の教育係でもあったマルドニウスというゴート人の宦官だった。ユリアヌスは、マルドニウスからホメロスやヘシオドスなどのギリシアの古典を学び、次第に異教に心惹かれ始めた。マルドニウスがキリスト教徒であったのか、異教徒であったのかははっきりしていない。ユリアヌスの教育には、ニコメディアの司教エウセビオスも当たっていた。エウセビオスは、死の間際のコンスタンティヌス帝に洗礼を施した有力な人物だったが、ユリアヌスはこの司教には良い思い出はなかったらしい。

ユリアヌスは、一一歳になる三四二年に同じ小アジアのカッパドキア地方のマケルムに身柄を移された。マケルムでは、兄のガルスと一緒に暮らすようになった。しかし、五年に及んだその地での暮らしについて、ユリアヌスは、それが幽閉に近いものであったと後年、回顧している。

三四七年、一六歳になったユリアヌスは、マケルムから一旦、コンスタンティノープルに呼び戻された後、ニコメディアやペルガモン、エフェソス、アテナイなど東方の諸都市に遊学することを許された。ニコメディアでは、この地で教鞭をとっていた異教徒の修辞学者リバニオスと親交をもつようになり、またエフェソスでは、新プラトン主義哲学者のマクシモスに学んだ。

　新プラトン主義哲学は、究極の存在である「一者」と自身の魂との合一を目指したが、マクシモスは、この合一を神働術（テウルギア）と呼ばれる一種の魔術でもって成し遂げようとするイアンブリコス（二五〇頃―三二五年頃）の一派に属していた。エウナピオスの『哲学者およびソフィスト列伝』によれば、マクシモスは、神働術以外にも様々な魔術に長じており、親戚の女性が恋の呪術をかけられて困っていた時には、この呪術を打ち破り、また別の機会には、神像を笑わせ、神像が手にする松明に、それに触れることなく火をおこしたりした、と伝えられている。ユリアヌスは、「この人〔マクシモス〕にすっかり傾倒してしまい、この人の知識すべてをしっかりとわが物にした」（四七五、戸塚七郎訳）のだった。

　ユリアヌスが遊学している間、政情は大きく動いていった。コンスタンティヌス帝の三人の息子のうち、長男のコンスタンティヌス二世は、三男のコンスタンスと領土争いを起こして、早くに倒されていたが、三五〇年には、コンスタンスが部下のマグネンティウスに殺害されたのである。ユリアヌスらを庇護していたコンスタンティウス二世は、マグネンティウスを討ち果たし、帝国を統一したものの、広大な帝国を一人で統治することはできず、ユリアヌスの兄ガルスを三五一年に同僚皇帝に任じ、東方の統治を委ねた。しかし、ガルスは、統治者には向いておらず、三五四年には、コンスタンティウス二世に召喚され、処刑された。その結果、今度は、アテナイに遊学していたユリアヌスに同僚皇帝の地位が回ってきたのである。三五五年のことだった。

　副帝としてガリアに派遣されたユリアヌスは、その地方を脅かしていたアラマンニ人やフランク人などのゲルマン民族に対して華々しい軍事的成果を上げ、次第に麾下の軍の支持も得ていった。そうして三六〇年、コンスタンティウス二世が対ペルシア戦線の強化のために、ユリアヌスの軍の精鋭を東方に送るように命じた時、東方への移動を嫌がったユリアヌスの軍は、ユリアヌスを正帝に擁立する挙に出たのである。簒奪者となったユリアヌスは、コンスタンティウス二世と雌雄を決すべく、東方へ向かって進軍を開始した。この途上から、ユリアヌスは公然と異教徒として振舞うようになり、当時、その象徴ともなっていた髭を蓄え始める。ユリアヌスにとって幸いなことに、対するコンスタンティウス二世が急死したため、両軍の激突は回避され、ユリアヌスは、無血でコンスタンティノープルに入ることができた。

ユリアヌス帝の異教復興策

単独皇帝となったユリアヌスは、異教を復興し、キリスト教を抹消するための施策を次々と打ち出していった。

ユリアヌスは、コンスタンティウス二世の時代に閉じられていた異教の神殿を開き、盛大に犠牲式を行わせた。一方で、キリスト教の聖職者に与えられていた諸特権を奪った。また、アリウス派を奉じたコンスタンティウス二世によって追放されていたアタナシウス派の聖職者を呼び戻した。この処置は、一見、公正、寛容に見えるが、真意は党派争いによるキリスト教の自滅を狙うところにあった。さらにユリアヌスは、三六二年には、キリスト教徒が修辞学や哲学を教えることを禁じる命令も発した。修辞学と哲学は、当時の高等教育の中身であったが、その教育で用いられるテキストは、ホメロスやウェルギリウスなどの異教時代の作品であったので、ユリアヌスの考えでは、異教の神々が登場するテキストを用いることは、キリスト教徒にはふさわしくないのであった。

キリスト教を弱体化させる一方で、ユリアヌスは異教自体の強化を図り、属州ごとに大神官を任命し、キリスト教会に対抗する異教の教会組織を構築しようとした。さらに、彼らに貧民救済を行わせたが、これは、教会へ向かう人を異教へ引き戻すことを意図していた。ユリアヌスは、エルサレムのユダヤ教の神殿の再建も命じ、この神殿が再建されることはないと予言したイエスの言葉が偽りであることを人々に示そうともした。ユリアヌスは、かつてのディオクレティアヌス帝などのように、教会堂を破壊し、聖書を焼き、聖職者を死罪で脅して棄教を迫るようなことはしなかった。だが、静かに、そして着実にキリスト教の力を削ごうとしていた。

ユリアヌスは、キリスト教以外の宗教であれば、何であれ積極的に支援したが、当人は、太陽神の熱心な崇拝者であった。ユリアヌスは、三六二年頃に著された『王ヘリオスへの讃歌』において、自身が子供の頃から太陽神の加護を受けてきたと言っている。これはコンスタンティヌスの一族の守護神が太陽神であったことと関係しているのであろう。太陽神への崇敬の念は、新プラトン主義と接して以後は、理論的にも確固としたものとなっていった。

そもそも哲学者プラトン（前四二七—前三四七年）が、究極の存在である「善」のイデア、すなわち新プラトン主義者の言うところの「一者」を説明する際に、その『国家』（第六巻五〇八B）において太陽を喩えに用いて、太陽を「〈善〉の子供」（藤沢令夫訳）と呼んだため、プラトンの哲学を学ぶ者たちの間で太陽は特別な存在となっていたのである。五世紀の新プラトン主義者プロクロスは、日に三度、すなわち、日の出と正午と日没に太陽に礼拝したと伝えられている。ユリアヌス自身は、イアンブリコスの世界観に従って、生成消滅するこの世界の彼方には、思惟によってのみ把握できるイデアの世界と眼に見える星々の世界、そしてその中間には「思惟する神々」の世界があるとし、太陽神にこの三つの世界すべてにおける特別な地位を与えた。イデアの世界においては、太陽は究極のイデアである善の子であり、残り二つの世界においては、太陽はそれぞれ「思惟する神々」の王であり、星々の王なのであった。

ミトラス教徒ユリアヌス

このような考えを抱くユリアヌスが、同じく太陽神を主神とするミトラス教に惹かれたことは、至極自然なことであったと言えるだろう。

実際にユリアヌスがミトラス教徒でもあったことは、ユリアヌスが三六一年にコンスタンティノープルに入城した後、宮殿に「日を導く神」のために神殿を建て、その密儀に自ら入ると共に、他の者を導きいれた、と彼と直接の親交があったリバニオスが書いていることから疑いない。ユリアヌスがいつ、ミトラス教に入信したのかは定かではないが、一説によれば、ユリアヌスをミトラス教に引き入れたのは、新プラトン主義哲学者のマクシモスで、それはユリアヌスの遊学時代のことであった。しかし、マクシモスが活動していたエフェソスからはミトラス神殿は発見されていない。副帝時代のユリアヌスはガリアで軍と深く接していたので、入信はあるいはこの間になされたのかもしれない。いずれにしても、ユリアヌスは、三六二年に自らが著した『皇帝論』のなかで、ヘルメス神に「あなた〔ユリアヌス〕は、ミトラスを父とし、この神の戒律を守りなさい。それは、あなたの人生にとっての安全な避難所と命綱となるでしょう。そして、この世を去らねばならないときには、よき希望と共に、導きの神をもつことになるでしょう」と語らせるようになっていた。

アプレイウスの小説『黄金の驢馬』の主人公ルキウスは、イシスの秘儀を受ける前に、夢の中でイシスに出会い、次のような言葉をかけられた（第一一巻六）。「〔お前は、〕私の加護を受けて栄光に満ちた生涯を送れます。そしてお前がこの世の生を全うし、黄泉の国へ降りて行ったときでも、その地下の半球においてすら私がアケローンの暗闇の中で輝き、ステュクスの深い奥底を支配しているのを見ることでしょう。そしてお前も、エーリュシオンの野に住みながら、お前を見守っている私にいつまでも祈りを捧げてくれるのです。そこでもしお前の熱心な服従と信仰深い勤行と不撓不屈の斎戒沐浴が私の好意を得た場合、運命の定めたお前の生涯ですら、長く延ばせるのはこの私だけだということを肝に銘じておきなさい」（国原吉之助訳）。このイシスの言葉は、ユリアヌスがヘルメス神からかけられた言葉ととてもよく似ており、密儀宗教の神が、その入信者を現世においても、来世においても守ってくれたことを示している。なお、数は一八個と多くないが、「牡牛を殺すミトラス神」の姿を刻んだ宝石が見つかっている（図Ｖ

図V-3 赤碧玉製のミトラス教のお守り

－3)。これらはお守りとして用いられたようである。お守りの存在も、ミトラス神が死後の魂だけでなく、現世を生きる信者たちをも日々守っていた証である。

ユリアヌスの中では、以上のような子供の頃からの素朴な太陽神崇拝から新プラトン主義的太陽、

図V-4a ターク・イ・ブスタンの浮彫

図V-4b ターク・イ・ブスタンの浮彫のスケッチ

そして、ミトラス教の信仰までが、矛盾、あるいは衝突することなく、混然一体となって存在していたのであろう。

しかし、異教復興の企ては、突然終わりを迎えた。三六三年三月に始まったペルシア遠征中に、ユリアヌスはティグリス川に近いマランガで戦闘中に重傷を負い、命を落としたからである。享年三二。単独皇帝になってからの在位は、二年に満たなかった。死の床にあって、ユリアヌスは、遠征に同道していたマクシモスら哲学者たちと共に魂の不死について語り合っていたという。

イラン西部のケルマーンシャー近郊にある遺跡ターク・イ・ブスタンには、ユリアヌス帝の軍を撃退したシャープール二世（在位三〇九―三七九年）が後継者のアルダシール二世（在位三七九―三八三年）に王権を与えている場面を描いた浮彫がある（図Ⅴ-4）。浮彫の右に立つのが、シャープール二世であり、中央に立つのが後継者のアルダシール二世である。興味深いことに、シャープール二世とアルダシール二世は、戦死したユリアヌス帝を踏みつけており、またアルダシール二世の背後には、光線を頭から放つミスラ神が立っている。王権の授与に際しては通常はアフラ・マズダー神が描かれるので、ミスラ神が現れるのは異例である。このレリーフは、偽ミスラの信者ユリアヌス帝を倒したササン朝が真にミスラ神の加護を受けていることを表しているのだろう。

抵抗する異教の元老院議員たち

ユリアヌスの死によって、コンスタンティヌス帝の血統は途絶え、短命な一代の皇帝を挟んで、ウァレンティニアヌス一世（在位三六四―三七五年）が皇帝となった。このウァレンティニアヌス一世の息子グラティアヌス帝の治世（三六七―三八三年）以後、帝国政府の異教への対策はいよいよ厳しくなっていった。

グラティアヌス帝は、三七九年に歴代のローマ皇帝が帯びてきた大神官（ポンティフェクス・マクシムス）の地位に就くことを拒み、また三八二年には、ローマ市の元老院の議場に置かれていた勝利の女神ウィクトリアの像を撤去させ、異教の国家祭祀への公金による補助を停止する挙に出たのである。グラティアヌス帝を過激な行動に導いたのは、ミラノの司教アンブロシウスであった。アンブロシウスは、グラティアヌスの同僚皇帝として帝国東部を治めていたテオドシウス帝（在位三七九―三九五年）にも強い影響を及ぼし、三九二年には、ついにテオドシウス帝に全面的な異教禁令を出させるに至った。

一連の動きに強く抵抗したのは、古来、国家祭祀を司ってきたローマ市の元老院議員たちだった。首都長官として元老院を代表する立場にあった議員のクイントゥス・アウレリウス・シュンマクス（三四五年頃―四〇二年）は、グラティアヌス帝の後継者として帝国西部を支配していたウァレンティニアヌス二世（在位三七五―三九二年）に対して、ウィクトリア女神像の再設置を求めて嘆願を行い、これを阻もうとするアンブロシウスと激しい論争を行った。しかし、シュンマクスの発した「人には、それぞれの慣習があり、また宗教がある」のであり、「あの偉大なる神秘に至る道は、一つではありえない」との言葉は、やはりアンブロシウスの強い影響下に置かれていた少年皇帝ウァレンティニアヌス二世に聞き入れられることはなかった。

ウァレンティニアヌス二世の死後、帝国西部では、フランク人の将軍で異教徒のアルボガストが、東方正帝テオドシウスの許可なく、勝手に修辞学者上がりの文官エウゲニウスを皇帝に擁立した。エウゲニウス自身はキリスト教徒であったが、その陣営には、異教徒の元老院議員ウィリウス・ニコマクス・フラウィアヌス（三三四―三九四年）が加勢した。

フラウィアヌスは、シキリア総督、アフリカ管区長官を経験した有力な元老院議員で、当時はイリュリクムとイタリア道の長官を務めていた。歴史に通暁していたとされ、『年代記（*Annales*）』を著した。またギリシア語で書かれていたピロストラトス（一七〇頃―三世紀半ば）の『テュアナのアポロニオス』をラテン語に翻訳している。シュンマクスとも親しく、フラウィアヌスの息子はシュンマクスの娘と三九三年に結婚しており、フラウィアヌスの甥の娘は、四〇一年にシュンマクスの息子に嫁いだ。シュンマクスの息子は、『哲学の慰め』の著者として知られる東ゴート王国時代の哲学者ボエティウス（四八〇頃―五二四年）の養父でもあった。

エウゲニウスの陣営とキリスト教化を強く推し進める東方のテオドシウス帝との戦いは、宗教戦争の様相を呈した。決戦の場となったのは、北イタリアのフリギドゥス河畔だった。エウゲニウスの軍は、ヘルクレス神を描いた旗を先頭に進み、フラウィアヌスは、近くの高台にユピテル神の像を建てた。戦闘は激しく二日に及んだが、テオドシウス帝が神に祈ると、強風がエウゲニウス側に吹きつけ、これにひるんだエウゲニウス側は敗退した、と五世紀前半のキリスト教史家オロシウスは伝える。三九四年九月のことであった。敗北したエウゲニウス帝は捕らえられて処刑され、アルボガストとフラウィアヌスは自害した。

元老院議員とミトラス教

キリスト教化に抵抗したシュンマクスやフラウィアヌスらを初めとする四世紀の異教徒の元老院議員の間では、ミトラス教が流行していた。M・クラウスは、ミトラス教徒であった議員を一八人確認している。

そのひとりウェティウス・アゴリウス・プラエテクスタトゥス（三二〇頃—三八四年）は、アカイア（現ギリシア）総督（三六二—三六四年）や首都長官（三六七—三六八年）、イタリア・イリュリクム・アフリカ道長官（三八四年）などを歴任した有力な議員で、三八四年には翌年のコンスル（執政官）に指名されていたが、正式に就任する前に没した。アカイア総督にプラエテクスタトゥスを任じたのは、ユリアヌス帝であったが、同帝死後もその地位に留まり、時の皇帝ウァレンティニアヌス一世に対して、供犠禁止令をアカイアに施行しないように求めたとされている。

墓碑によれば、プラエテクスタトゥスは「鳥占い官（augur）」、ウェスタの神官（pontifex Vestae）、太陽神の神官（pontifex Solis）、十五人神官（quindecemvir）、ヘルクレスの神官（curialis Herculis）、リベルとエレウシスの秘儀を受けた者（sacratus Libero et Eleusiniis）、大神官、サラピス神の神官（neocorus）、タウロボリウムの参加者（tauroboliatus）、父の父（pater patrum）」でもあり、多くの異教の神官職を兼任していた。これらのうち「父の父」がミトラス教の位階の称号であった。

プラエテクスタトゥスと同様に、帝国の高官と多くの神官職に就いていた議員としては、アフリカ管区長官などを歴任したアルフェニウス・ケイオニウス・ユリアヌス・カメニウス（三四三—三八五年）や三六四年の属州ヌミディア総督を務めたウルピウス・エグナティウス・ファウェンティヌス、ヒスパニア管区長官であったセクスティリウス・アゲシラウス・アエデシウスなどがおり、それぞれカメニウスは「不敗のミトラスの祭儀の最高の父」、ファウェンティヌスは「不敗の太陽神の聖なる伝令（hieroceryx）」、アエデシウスは「不敗の太陽神ミトラスの父の父」であった。ファウェンティヌスの就いていた「聖なる伝令」は、「カラス」の位階の言い換えである。ミトラス教の位階の他にも、彼らは共通して、「リベル神の神官長」であり、「ヘカテ女神の神官（hierophantria）」であり、「タウロボリウム」の儀式の参加者であった。

リベルは、酒の神ディオニュソス神のことで、ヘカテ女神は、冥界の女神で、魔術などを司った。先に言及したユリアヌス帝の師マクシモスが笑わせたとされる神像は、ヘカテ女神であった。タウロボリウムは、キュベレ神とアッティス神の秘儀に関係した儀式で、儀式を受ける者は、半地下の穴の中に入る。穴の上には、木製の穴の開いた板が置かれ、その板の上で牡牛が殺害され、下にいる儀式を受けている者にその血が降り注ぐのである（図Ⅴ－5）。血を受けることには、浄化の意味があり、二〇年ごとに繰り返される必要があった。ローマ市の現サン・ピエトロ大聖堂のあるウァティカヌスの丘には、フリュギア神殿と呼ばれたキュベレ神とアッティス神を祀った神殿があり、元老院議員たちは、ここでタウロボリウムの

図Ⅴ-5　タウロボリウムの想像図

儀式を受けたのだった。

フラウィアヌスもまた、ミトラス教を含む多くの異教の祭司職に就いていたと思われるが、フリギドゥスの戦いの後、フラウィアヌスは「記憶の抹消」の刑を受け、その業績を刻んだ碑文などの多くが破壊されたため、これを証明することはできない。通説的にフラウィアヌスに向けて書かれたとされる『異教徒に反論する歌（*carmen contra paganos*）』によれば、フラウィアヌスは、キュベレとアッティス、イシス、ユピテル、サトゥルヌス、メルクリウス、ウルカヌス、リベル、サラピス、ヘカテなどと並んで、ミトラスを信奉していた。他方、シュンマクスについては、ミトラス教などのオリエント宗教との関わりを示す確実な史料は残されていないが、これも残存する史料の性格によるもので、シュンマクスもミトラス教などの様々な異教と関わっていたと考えられている。

元老院議員のミトラス教徒の中には、何世代にもわたってその信仰を守っていた者たちもいた。ノニウス・ウィクトル・オリュンピウスは、「父の父」として、三五七年から三六二年にかけて、ミトラス教の位階昇進の儀式を五回にわたって取り仕切っており、また、「豪華なフォエブス（太陽神アポロンの別名）の神殿（templum）」を建てたとされている。オリュンピウスは、この儀式を「父」のアウレリウス・ウィクトル・アウゲンティウスと共に行っているが、アウゲンティウスは自身の息子だった。そして、アウゲンティウスも、三七六年には「父の父」となり、まだ幼い息子（puer）アエミリアヌス・コルフォ・オリュンピウスを「聖なるカラス（hierocorax）」へと導きいれたことが分かっている。アウゲンティウスには、もう一人、タメシウス・アウゲンティウス・オリュンピウスという名の息子がおり、この人物もミトラス神殿（antra）を自費で造ったことを碑文のなかで誇っている。

太陽神一神教へ――キリスト教への対抗軸

第Ⅱ章で述べたように、一世紀から三世紀までの期間に、元老院議員でミトラス教徒になった者はほとんどいなかった。しかし、四世紀になると、状況は一変した。これはどうしてなのだろうか。

現在知られている限りでもっとも年代的に古くに、元老院議員でありながら、多くの異教の神官職を兼任していたのは、ガイウス・マギウス・ドナトゥス・セウェリアヌスである。この議員は、「不敗のミトラスの祭儀の父」であり、リベルとヘカテの神官であり、タウロボリウムの儀式の参加者であった。セウェリアヌスがタウロボリウムの儀式を受けたのは、三一三年四月一五日だった。同年の初頭に、コンスタンティヌス帝は、ミラノ勅令を発しているが、二つの日付が近接しているのは偶然ではない。ミラノ勅令を受けて、代々ローマの異教の国家祭祀を司ってきた元老院議員たちの間では、皇帝のキリスト教支援に危機感が生まれていたに違いない。元老院議員たちは、社会的威信の高い自らがあらゆる異教に積極的に参加することで、異教の振興を図ったのであろう。その際、太陽神を崇拝するミトラス教への入信に抵抗は全くなかったと思われる。なぜならば、当時の元老院議員たちの間では、太陽神一神教のような思想が広がっていたからである。

このことを示すのは、マクロビウスによって五世紀に書かれた『サトゥルナリア祭』という文学作品である。この作品は、プラエテクスタトゥスやシュンマクス、フラウィアヌスらの異教の元老院議員たちが、一二月のサトゥルナリア祭の日にプラエテクスタトゥスの屋敷に集まって、ローマの故事について語り合うという内容をもち、その中で、プラエテクスタトゥスは、太陽神がこの世界の最高神であり、ギリシア・ローマのアポロン、マルス、ヘルメス、アテナからエジプトのホルス、イシス、セラピス、さらには小アジアのアッティスといった神々は、すべて太陽神が姿を変えて現れたものに他ならないとする、太陽神一神教思想を披露するのである。不思議なことに、ここでは太陽神の化身としてミトラス神の名は挙がってこない。おそらく、ミトラス神が太陽神であることは当然すぎて、あえて言及されなかったのであろう。

四世紀のミトラス教は、三世紀に始まった太陽神信仰の隆盛に乗って、ついには元老院議員にまでその影響力を拡大したのだった。ただし、元老院議員がミトラス教に入る際には、その最大の障害となったであろう、あの厳しい入信儀礼は、免除された可能性が高い。また、彼らの社会的地位にふさわしく、「父の父」の位階は、初めから約束されていたのであろう。彼らのミトラス教参加のあり方は、極めて貴族的であった。

早くに衰退したミトラス教

しかし、ユリアヌス帝や異教の元老院議員たちがミトラス教に関わっていたその四世紀後半には、彼らの周辺を除いては、ミトラス教は実は既に勢いを失っていた。

D・ウォルシュの『古代末期のミトラス教』によれば、新たなミトラス神殿の建設は、四世紀に入ると低調になり、その半ばにはほぼ停止していた。例外は一件のみで、それは先に言及したローマ市の異教の元老院議員タメシウス・アウゲンティウス・オリュンピウスが建てたミトラス神殿で、三八五年のことであった。また、ミトラス神殿の修繕も、やはり四世紀半ば以降は行われなくなっている。こちらも例外は一件で、それは第Ⅲ章で言及したシリアのハワルテのミトラス神殿である。この神殿は、五世紀初頭に修繕された痕跡があり、時代も例外的に遅い。

ユリアヌス帝治世の三六一年に、エジプトのアレクサンドリアでは、司教のゲオルギオスが異教徒の民衆に殺害される事件が起こったが、きっかけは、ミトラス神殿の跡地にキリスト教会を建てていたところ、地中から多数の頭蓋骨が見つかり、これをキリスト教徒が嘲弄したことにあった。ミトラス神殿の跡地は、コンスタンティウス二世によって、教会に引き渡されたものであった。教会史家ソゾメノス（三七六頃—四四七年頃）によれば、問題のミトラス神殿は、長らく使用されていなかったとされており、このことからも四世紀の半ばには、ミトラス教が早くも衰退していたことが読み取れる。

ローマ市内でも、三一四年から三五六年までの間、ミトラス教徒が活動していたことを示す史料が見当たらなくなる。ミラノ勅令の直後には、先に言及したセウェリアヌスのような元老院議員が出てきたとはいえ、コンスタンティヌスやコンスタンティウス二世の異教に対する圧力は相当に強かったのであろう。異教の元老院議員のノニウス・ウィクトル・オリュンピウスがミトラス教の位階昇進儀礼を行った三五七年に至るまでの四〇年ほどの間は、ローマ市のミトラス教は明らかに衰勢にあったのである。三一四年の前年にキリスト教を公認したミラノ勅令が発せられたことを考えると、ミトラス教の衰退に、キリスト教の存在があったことは疑いない。

R・テュルカンは、三二四年以後、繰り返し帝国政府から出された供犠禁止令、とりわけ「夜の供犠（sacrificia nocturna）」の禁令は、ミトラス教に向けられたものであったと解釈し、これがミトラス教に大きな打撃を与えたとしている。テュルカンは、「夜の供犠」が半地下の暗い洞窟状の神殿で行われるミトラス教の犠牲式を指しているとみなし、さらに踏み込んで、コンスタンティヌス帝は、自身と敵対したガレリウス帝らが三〇七年にカルヌントゥムで「帝権の守護者」として碑文を奉献したミトラス教を嫌い、異教の中でも特にミトラス教を狙い撃ちにしたとすら論じたのである。

暴力的な破壊か？

ミトラス教の最期については、武器を持ったキリスト教徒が突然ミトラス神殿に押しかけてきて、これを暴力的に破壊していったとのイメージを抱く読者も多いだろう。実際、そのイメージに合う史料も残っている。

聖ヒエロニムス（三四〇頃―四二〇年）の書簡によれば、三七六年から翌年にかけてローマ市の長官を務めたフリウス・マエキウス・グラックスは、自らのキリスト教信仰の証として、市内にあった、あるミトラス神殿を破壊してから、洗礼を受けたとされている。

しかし、キリスト教徒の暴力によってミトラス神殿が破壊されたことを考古学的に証明することは難しい。

キリスト教徒の攻撃を受けたことが考古学的にはっきりと分かるミトラス神殿は、ドリケ（トルコ）、ハワルテ（シリア）、ポンツァ（イタリア）、シャアーラ（シリア）の四つにすぎない。これらの神殿には、壁面に十字の徴が刻まれていた。だが、これがいつ、どのような事情で行われたのか、つまり機能中のミトラス神殿がキリスト教徒の暴力で突然終焉に追い込まれたのか、あるいは既に長く廃墟になっていたミトラス神殿にキリスト教徒が入り込んで、十字の徴を付けたのかは、分からないのである。ただし、ハワルテについては、五世紀初頭までそのミトラス神殿が機能していた痕跡があり、それほど間を空けずに、その上に四二一年に教会堂が建てられているので、機能中のミトラス神殿がキリスト教徒によって破壊されたのであろう。

ローマ帝国の北西部の諸属州からは、暴力的な破壊を受けた痕跡の残るミトラス神殿が多数見つかっている。ストラスブールのコニッグショッフェンのミトラス神殿から発掘された「牡牛を殺すミトラス神」の大型のレリーフ（二・三〇×一・八〇メートル）は、三六〇以上の破片に砕かれていた。ストラスブールに近いサールブールのミトラス神殿の「牡牛を殺すミトラス神」のレリーフも粉々にされ、彫像の頭部は破壊されて無くなっていた。「牡牛を殺すミトラス神」の像が置かれていた場所の前では、鎖で手をつながれた中年男性の遺骨も発見されているが、ミトラス教との関係は明らかではない。オーストリアのカルヌントゥムの第三ミトラス神殿の「牡牛を殺すミトラス神」像（二・七五×三・七八メートル）も、やはり壊されていた。イギリスのハドリアヌスの長城沿いのハウスステッズとキャラバにあったミトラス神殿では、そのいずれにおいても「牡牛を殺すミトラス神」の像が破壊されており、カウテス神、あるいはカウトパテス神の頭部は切り取られていた。しかし、これらの地域には、四世紀においてはまだキリスト教はそれほど浸透していなかったので、キリスト教徒の仕業ではなく、異民族の侵入に際して破壊されたとの見方も有力である。異民族は、敵の勢力だけでなく、その神殿や神像を儀礼的に破壊することで、勝利を誇ったからである。古代における戦争は、古代メソポタミアでもそうであったが、神々の戦争でもあった。

静かな最期

いずれにしても、おそらく大方のミトラス神殿は、キリスト教徒の直接的な暴力によってではなく、帝国政府から発せられる度重なる異教禁止令やキリスト教信仰の拡大によって、その信者を次第に奪われ、神殿自体が維持できなくなり、放棄されていったのであろう。

実際、破壊された痕跡のないミトラス神殿も多い。イタリアのカプアやローマ市のサンタプリスカ教会地下のミトラス神殿では、彩色壁画が残っていたが、これらには意図的な破壊の跡はなく、神殿自体が丁寧に埋められていた。最後に残ったミトラス教の信者たちの手によるものと推定できる行為である。ロンドンのミトラス神殿からは、切り取られたミトラス神の像の頭部が見つかっているが、これも入念に埋められていた。ドイツのオスターブルケンから出土した「牡牛を殺すミトラス神」の像（扉図V－0）も、やはり丁重に砂がかけられていたという。

ミトラス教の終焉の問題については終章で改めて考えてみたいが、確かなことは、ミトラス教は四世紀の半ばには他の異教に先んじて衰退しており、現在確認できる限りではハワルテを除いて五世紀まで生き延びた神殿はないということである。ミトラス神は、エジプトの女神イシスなどと異なって、中世のヨーロッパにおいては、完全に忘れ去られた存在になっていた。

終章

世界はミトラス教化したのか

――ヨーロッパ世界の深層へ

図 VI-0　コンスタンティヌス帝

キリスト教の先駆者？

フランツ・キュモンは、ミトラス教を初めとするオリエント宗教がローマの伝統宗教を破壊して、ローマ帝国にキリスト教が広まるための地均《じなら》しをしたと考えていた。

確かに、オリエント宗教では、入信や食事の儀礼などを通して神と人との特別な関係が築かれ、その神は人間と同じく受難して死に、そして復活する。ミトラス教では神自身は死を経験しないが、牡牛が神の代役を果たしたとも言える。これらの特徴は、ローマの伝統宗教が国家などの共同体のためのものであり、その神々は不死であることを第一の属性としていたこととは大きく異なるのであり、むしろキリスト教に近いものであったのは明らかであろう。

しかし、この説に従うならば、オリエント宗教とキリスト教が流布した地域は重ならなければならないことになるが、実際にはそれは完全にずれていた。ミトラス教がもっぱらローマ帝国西方に流布したことは、第II章で指摘した通りである。四二〇ほどあるミトラス教遺物の出土地のうち、小アジア以東のシリア、エジプト、パレスティナなどの地域に属するのは、わずか一二ヵ所にすぎない。イシスの秘儀もキュベレとアッティスの秘儀もユピテル・ドリケヌスの信仰もおおむね同じ傾向を示すのである。

西方に流布しなかったキリスト教

これに対して、キリスト教は主としてローマ帝国東方の宗教であり、西方にはほとんど流布していなかった（地図VI－1）。

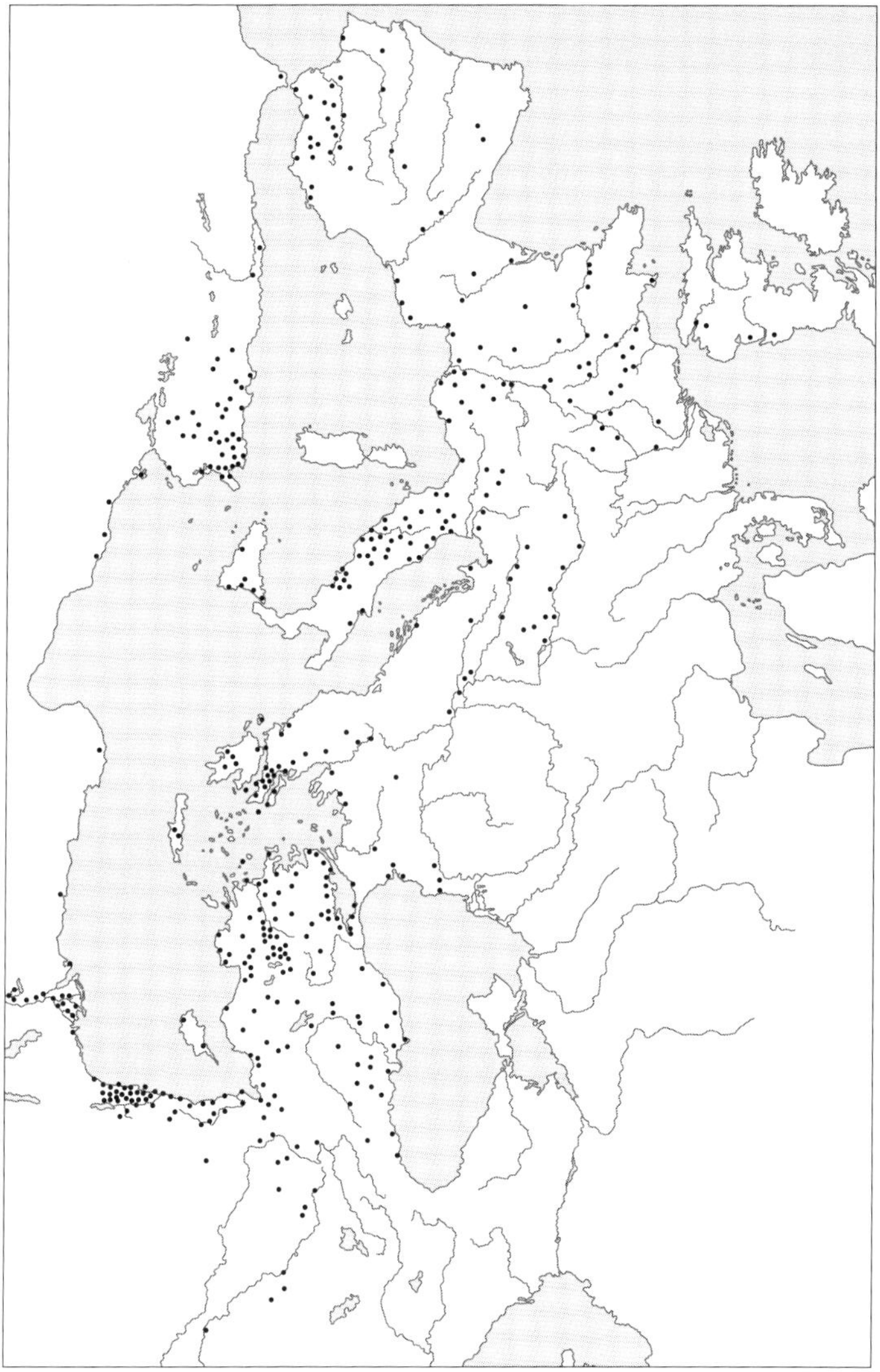

地図VI-1　５世紀半ばにおけるキリスト教の分布

紀元後一世紀にローマの属州ユダエアで発生したキリスト教は、その故地であるシリア・パレスティナ地方を中心に、小アジアやエジプトによく広まった。

二世紀初めに小アジア北西部のビテュニア・ポントゥス属州の総督を務めた小プリニウスは、自身の統治する属州において、キリスト教徒が年齢や社会層、性別、都市、農村を問わず数多くいると、時の皇帝トラヤヌスに書簡で報告している。このことは、この段階のキリスト教が非合法の宗教であり、信者であること自体が死罪に相当するとされていたことを想起するならば、驚くべきことである。R・S・バグノールは、パウロスやマリアなどのパピルス史料に現れるキリスト教的な人名の分析に基づいて、エジプトでは、ミラノ勅令直前の段階で、人口の一八パーセントがキリスト教徒であったとの推計を出している。

対する西方でのキリスト教は、イタリア半島のローマ市周辺と北アフリカ、スペイン南部の属州バエティカ、あるいはフランスのリヨンなどには根付いていたが、それ以外の地域、すなわち北イタリアからライン川、ドナウ川流域、ブリテン島などのミトラス教が広まっていた地域には、ほとんど浸透していなかったのである。

では、いったいなぜ両宗教が流布した地域は、大きくずれているのだろうか。まずは、ミトラス教が東方で拒絶された原因について考えてみよう。

敵国ペルシアの宗教

原因のひとつには、ミトラス教が、その実態はローマ市に起源をもつ宗教であったにもかかわらず、外観については明らかにペルシア風だったので、ペルシアの宗教としてイメージされたことがあった。

何よりも、ミトラスというその名自体が、アフラ・マズダーなどと並んでペルシアの神の名として、「歴史の父」ヘロドトス以来、一般に認識されていた。ミトラス神は、フリュギア帽子を被り、ズボンをはいていたが、これもペルシア人の典型的な姿である。七つの位階の存在がどれだけ部外者に知られていたかは分からないが、位階の一つには「ペルシア人」があった。そして、ミトラス教徒自身も、自らの宗教の起源を、ローマ市の教祖ではなく、ペルシアのゾロアスターと考えていた。第Ⅲ章で言及したように、ミトラス神に洞窟を最初に捧げたのは、このゾロアスターとされていたのである。イシスの秘儀がエジプトと、キュベレとアッティスの秘儀が小アジアと、ユピテル・ドリケヌスの崇拝がシリアと直ちに結びつくのと同じく、ミトラス教はだれの目にもペルシアの宗教と映っていたのである。

そして、このペルシアは、当時のローマ人に、かつてギリシアの征服を試み、大軍を送り込んできたアケメネス朝ペルシアをまずもって想起させたであろう。さらに、ペルシアは、過去の観念上の敵国であっただけでなく、この当時の、特にローマ帝国東方の人々にとっては、アルサケス朝パルティアという現実的な敵国が存在する地でもあった。パルティアとローマは、前一世紀前半にユーフラテス川を境に接するようになって以来、紛争を繰り返していたので、少なくとも東方の人々の間にはペルシアの宗教に対する抵抗感があり、このことがミトラス教流布の障害となっていたことは充分にあり得るだろう。キュモンが言うように、とりわけ「ギリシアは旧敵〔ペルシア〕の守護神に対しては決して歓待をしなかった」（小川英雄訳）のである。

飽和状態の宗教——大神殿と新興宗教

ミトラス教の東方への流布を阻んだもう一つの原因には、東方の宗教事情が関係していたように思われる。

ローマ帝国の東方は、古代オリエント、あるいは古代ギリシア以来の文明を有する地域であり、伝統ある異教が息づいていた。

二世紀の著作家ルキアノスの「シリアの女神について」（内田次信訳）によれば、シリアには、ヒエラポリス、シドン、ヘリオポリス、ビュブロスなどに「古くて壮大な神殿」があった。中でも、ヒエラポリスの神殿について、ルキアノスは次のように詳しく報告している。

神殿の扉は黄金製であり、玄関の間は天井まで黄金で輝いていた。玄関の間を越えると二つの部屋があり、奥のほうの部屋には、ヘラとゼウス、そして「しるし」と呼ばれる神像が並んでいた。ヘラがこの神殿の主神であり、この神の像は、数匹のライオンの上に乗って、右手に笏、左手に糸巻きの棒をもち、頭には「光線と、塔と、ウラニア（＝アプロディテ）だけの飾りであるはずの刺繡帯とを戴いている」。頭上には、ランプ石と呼ばれる夜になると輝く宝石もついていた。この女神の姿は、キュベレを彷彿とさせる。女神は、ギリシア風にヘラと呼ばれているが、もとはシリアの大地母神アタルガティスであり、キュベレとも習合していたのだろう。

手前のほうの部屋には、アポロンやアトラスなどの像が置かれており、予言の神アポロンは「神みずから体を動かし、自分で最後まで託宣を果た」したという。託宣は巫女や神官を介して伝えられるのが普通であったので、これは珍しいことだった。神殿の中庭には、牛、馬、鷲、熊、ライオンが放し飼いにされていた。池には魚が飼われ、神聖視されていた。神域には、高さ五四〇メートルほどにも及ぶ二本の陽根の形をした柱が立っており、その上には、毎年、二度、一人の男が上り、七日間その柱頭の上で不眠不休で過ごし、下に来た人々はこの男に自身の名前を告げ、神々に祈りを捧げてもらったのである。

神々への供犠は一日、二度行われたが、その他にも、年中行事として池に神像を浸ける「池下り」、中庭に立てられた数本の木に生きたままのヤギや宝飾品などを吊るし、これを焼く「火祭り」のような祭礼も行われた。春先に催された「火祭り」では、縦笛や太鼓が鳴り響き、聖歌が歌われる中、去勢神官や狂女たちが自らの体を傷つけ、鞭打った。これもキュベレとアッティスの秘儀と同様に、狂乱に誘われて観客の中から、自らの性器を切り取る者も現れたという。

他方で、ローマ帝国の東方では、新たな宗教運動や思想も生まれていた。その代表は、何と言ってもキリスト教であろう。

創始者イエスは、前四年頃にパレスティナ地方のベツレヘムに誕生し、二代皇帝ティベリウスの治世（一四―三七年）に属州ユダエアにおいて宣教活動を行ったのである。イエスは、属州の支配者層が奉ずるユダヤ教の権威主義や形式主義を批判しつつ、貧しい者や、社会的に蔑視されていた取税人や売春婦などの人々にも、救いの手を差し伸べていった。そして、その宣教に際しては、人々の病を治し、悪霊を払い、死者を蘇らせるなどの奇跡をたびたび起こしたとされる。パン五つと二匹の魚を五〇〇〇人分に増やしたり、海の上を歩いて渡ったりしたことなどは、よく知られたイエスの奇跡であろう。

同時代には、異教の側にも同じような奇跡を起こして人々に注目される人物が現れていた。その人物は、第Ⅱ章で言及したテュアナのアポロニオスである。

アポロニオスは、一世紀の初めに小アジアのカッパドキア地方の都市テュアナに生まれ、同世紀末のネルウァ帝の治世まで生きていたとされる新ピタゴラス派の哲学者である。アポロニオスは、前六世紀の哲学者ピタゴラスの教えに従って、禁欲的な生活を行い、各地の聖所を訪ねては、動物犠牲を戒め、神々の正しい祀り方を説いて回った。この間、イエスと同じく、人々の病を治し、悪霊や疫病を払い、死者を蘇らせたとされる。アポロニオスはまた、ホメロス叙事詩の英雄アキレウスの霊を召喚して会話し、あるいは弟子が魅入られた女吸血鬼エンプーサを退治するなどした。ペルシアやインド、エチオピアまで足を運び、その地の賢者と交わったともされている。

アポロニオスの孫弟子には、アボヌテイコスのアレクサンドロスがいた。アボヌテイコスは、小アジア北部の黒海南岸の都市である。アレクサンドロスは、自身の出身地であるこの都市に二世紀に神託所を開いていた。神託を下したのは、医術の神アスクレピオスの化身とされたグリュコンと名付けられた髪の毛のある大蛇であった（図Ⅵ－1）。神託所はたいそう繁盛し、その信奉者には、有力な元老院議員すらいた。アレクサンドロスは、マルクス・アウレリウス帝に対して、ドナウ川にライオンを二四、犠牲として投げ込めば、当時行われていた異民族との戦争に勝利するとの神託を送り付けたともされている。ルキアノスは、『偽預言者アレクサンドロス』を書いて、このアレクサンドロスを詐欺師として罵倒したが、グリュコンに対する信仰は四世紀まで存続していたことが分かっている。ルキアノスに言わせれば、テュアナのアポロニオスもまた、ただのはったり屋であった。ちなみに、ミトラス教研究の父フランツ・キュモンが一九歳の時に著した最初の論文は、このアレクサンドロスをテーマにしていた。

この他にも、一、二世紀の東方では、グノーシス思想も誕生、発展するなどしており、新旧様々な宗教が入り乱れて、いわば宗教の飽和状態になっていたのである。

このような中で、そもそも「ペルシアの宗教」として好意的に受け取られたとは思われないミトラス教が、どれほどの魅力を発揮できたかは疑問とせざるを得ない。密儀宗教としてのミトラス教がその教義を部外者に明らかにしていなかった以上、人々の耳目を惹いたのは、半地下の暗闇の中で行われる秘密の儀式や入信に際しての過酷な試練などの噂だけであった。実際、キリスト教の教父たちが伝えるイメージは、まさにこのようなもので、その愚かしさが揶揄されている。同じ異教徒でもルキアノスのような辛辣な知識人には、やはり、こういったことは単なるこけおどしにしか映らなかったに違いない。仮に、死後の魂が惑星圏を通過して天上に帰還するとのミトラス教の教説が知られたとしても、この教説自体は、大筋では既に紀元前一世紀のキケロの『国家について』にも見られるようなもの

図VI-1 グリュコン

だったので、新奇さはそれほど感じられなかったであろう。

東方の英知の国ペルシア

では、対照的にミトラス教が西方で広まったのはなぜだったのだろうか。

まず、同じローマ帝国であった以上、西方においてもペルシアが敵国であることに変わりはなかった。しかし、現実的な脅威が切実な問題ではなかった分、敵としてのペルシア・イメージは、東方におけるよりもはるかに希薄化したと思われるので、この悪いイメージが流布の大きな妨げになることはなかっただろう。

実は、ペルシアのイメージには、敵としてのそれの他に、もうひとつあった。それは、ペルシアを東方の神秘的な英知の国とみなすものである。

ペルシアの英知を担ったとされるのは、これまでもたびたび言及してきたマゴスと呼ばれた神官たちであり、彼らの始祖とされたのは、ゾロアスターであった。ゾロアスターは、その名を初めてギリシアに伝えた前五世紀のリュディアのクサントスによれば、アケメネス朝ペルシアのクセルクセス一世がギリシアに侵攻した時（前四八〇年）から数えて六〇〇〇年も前の人であり、別伝では、トロイアの陥落（前一二〇〇年頃）の五〇〇〇年前、あるいは哲学者プラトンの死（前三四七年）の六〇〇〇年前に生きていた太古の人であった。この数字だけでも、ギリシア人には驚異であっただろう。

ギリシア人は、ゾロアスターの名の中に、ギリシア語の「アストロン」（星）という単語を見出し、ここからゾロアスターを占星術師とみなすようにもなり、ゾロアスターは、占星術に関する『自然論』や『天体観測』と題された書物を書いたとされた。また、『博物誌』の著者大プリニウス（二三―七九年）によれば、ゾロアスターは魔術の始祖であったが、実際にギリシア人に魔術の知識を広めたのは、クセルクセス一世のギリシア遠征に随行したマゴスのオスタネスとされる。オスタネスは、水や空気、天体などを利用して未来を予知し、死者と交流することができると公言していたという。オスタネスは、錬金術にも通じていたと伝えられている。マゴスと魔術の結びつきは、ギリシア語の「マゴス」が英語の「マジック」の語源となったことからも容易に理解できるだろう。

そして、これらマゴスたちの知識をピタゴラス、エンペドクレス、デモクリトス、プラトンらの名高い古代ギリシアの哲学者たちが学んだとされていたのである。

マゴスの知識にしても、その影響力についても、当時、否定的な見方がなかったわけではない。大プリニウスは『博物誌』（第三〇巻一）の中で、ゾロアスターに始まる魔術を「技術も数ある中で、この上なくいかさまなもの」（中野定雄・中野里美・中野美代訳）と酷評し、また三世紀頃に『ギリシア哲学者列伝』を著したディオゲネス・ラエルティオスは、ギリシア哲学の起源をペルシア人を初めとする異民族に求める説を厳しく批判したのである。ディオゲネス・ラエルティオスは、アリストテレスの『マギコス（マゴス論）』などに基づきながら、マゴスは魔術には全く通じていなかったとの見解も紹介している。

しかし、大プリニウスやディオゲネス・ラエルティオスの論調は、裏を返せば、マゴスたちやその知識が広く肯定的に捉えられていた証左でもある。イエスが生まれた時に、その誕生を祝って東方からやって来たと伝えられる「博士」（聖書協会共同訳）、あるいは「占星術の学者たち」（新共同訳）も、原語では「マゴイ」、つまりマゴスの複数形であり、マゴスたちは不思議な知識をもっていると一般に信じられていたのである。ミトラス教の教祖がゾロアスターを自らの宗教の創始者としていたのも、この肯定的なペルシア・イメージを前提にしていたことは言うまでもない。

素朴な信仰の世界――西方の宗教事情

ペルシアを現実的な敵国として実感できなかったローマ帝国の西方では、肯定的で神秘的なペルシア・イメージのほうが優先していたうえ、その宗教事情もまた、これを受け入れることを許したと思われる。

ここではローマ帝国西方の宗教事情について比較的史料の残存状態がよいガリアとブリタンニアを中心に見てみよう。

ガリアは、ローマ時代には、現在の北イタリアからフランス、ベルギー、ライン川以西のドイツなどに当たる広大な地域を指した名称で、このうち北イタリアと南フランスは、それぞれ前三世紀と前二世紀にローマ領となり、残るガリアは、前一世紀に有名なユリウス・カエサルによって征服された。カエサルは、ガリア征服の過程で、ブリテン島にも足を踏み入れたが、永続的な占領には至らず、またそうする意思もなかった。ブリテン島の東南部がローマの支配下に入り、属州ブリタンニアとなるのは紀元後一世紀のことで、それを成し遂げたのは、第四代皇帝クラウディウス（在位四一―五四年）だった。

ローマが進出したこれらの地域には、インド・ヨーロッパ語族に属し、鉄器文化を有するケルト系の諸部族が割拠していた。彼らの信仰について、カエサルは『ガリア戦記』（第六巻三―一七）の中で次のように書き残している。

神々の中でもっとも崇められているのは、メルクリウスである。この神の像は非常に多い。彼らは、この神があらゆる技術の発明者で、これが道を守り旅人を案内し、これが金儲けや商売に最大の加護を与えてくれると信じている。

この次には、アポロンとマルス、ユピテルとミネルウァを崇拝する。これらの神々の属性については、ガリア人も他の民族と同じ考えを抱いている。つまり、アポロンは病魔を追い払い、ミネルウァは工作と手芸の手ほどきを授け、ユピテルは、天上の支配権を握り、マルスは戦争をつかさどると考えている。（国原吉之助訳）

カエサルは、異国の神々を、属性の対応する自国のローマの神々の名前に置き換えて呼んでいるが、これは「ローマ風解釈」と呼ばれ、ローマ人が普通に行っていたことである。

同じくカエサルによれば、ガリアで宗教を主宰していたのは、ドルイドと呼ばれる神官たちだった。彼らは、ブリテン島に起源があるとされる魂の不死と転生の教義を説いていた。また、ガリアでは、人身御供の習慣もあったが、これもドルイドの監督の下で行われた。

ローマ人は、宗教に基本的に寛容であったが、キリスト教とこのドルイドの教えは迫害した。ドルイドの人身御供を嫌悪したためだと言われている。アウグストゥス帝は、ローマ市民がドルイドの教えを奉じることを禁じ、クラウディウス帝の治世にはドルイド教は、徹底的に弾圧された。

しかし、ケルト系の神々に対する信仰は、その後も存続した。碑文には、第Ⅳ章で言及したように、アノキティクスやガルマンガビス、コキディウスといった在地のケルト系の神々の名が現地の言葉のままで刻まれていたし、その他にも、馬の守護や豊穣などを司った女神エポナや鹿の角を生やしたケルヌンノスと呼ばれた神も崇拝されていた。あるいは、現地の人々も、「ローマ風解釈」を受け入れて、自らの神をメルクリウスやマルスなどと呼んでいたことも知られている。ただし、この場合は、メルクリウス・アルタイオスのように元の神の名アルタイオスを併記したり、マルス・ナベルクス（ネスク渓谷の）などと地名を付加するなどされていた。

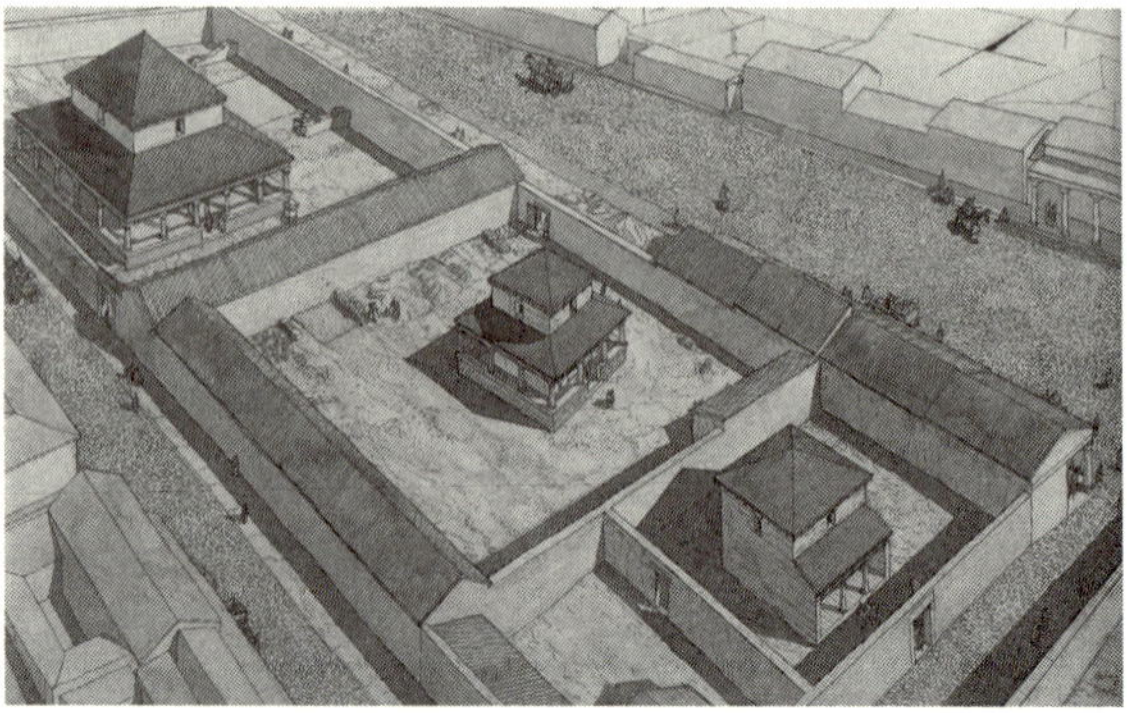

図VI-2 ケルト風の聖所ファヌム（推定復元図）

ケルト系の人々は、泉などの水源を神聖視し、泉に手や足などの四肢をかたどったものを沈めて、病気の治癒を願ったが、こういった信仰もローマ時代に入っても止むことはなかった。またローマ時代のガリアでは、神々を祀る聖所はファヌムと呼ばれ、それは歩廊で囲まれ、中央に円形や多角形の神殿が建てられたものであったが（図VI－2）、これもケルト風であった。

ローマ帝国支配下の西方においては、ケルト系の素朴な信仰が大きく変化することなく続いていたと見てよいだろう。

支配者のローマ人は、西方の征服地にユピテルやマルスなど自身の崇拝する伝統的神々に加えて、神格化された皇帝への礼拝も持ち込んだが、これらも在地のケルト系の信仰と同じく、複雑な教義体系などを伴うものではなかった。また、西方では、イエスやテュアナのアポロニオス、あるいはアボヌテイコスのアレクサンドロスのような宗教家が活動していた形跡もない。西方は、いわば宗教的にすれていない状態にあったのであり、ペルシア起源の神秘的宗教であることを売りにするミトラス教が新鮮に映る余地が多分にあったのである。

ローマ帝国がもたらしたオリエントのキリスト教

ここで改めて、ミトラス教とキリスト教の流布地域がずれていたことを想起するならば、ミトラス教には有利に働いた上述のローマ帝国西方の宗教事情が、キリスト教には全くそうではなかったということになる。

おそらく、雑多で複雑な異教を一神教の教義で一刀両断できるキリスト教は、東方のような新旧の宗教で押しつぶされそうな地域においてこそ、「福音」として響いたのであり、東方とは違った素朴な西方の宗教世界では、逆に、ミトラス教のような東方起源を装った神秘的な宗教のほうがその魅力を発揮できたのであろう。言い方を変えれば、キリスト教の流布のためには、ひとつの前提として、宗教の飽和状態が必要だったのであり、ミトラス教にはそうでないことが望ましかったのである。この意味では、異教の集大成のようなごてごてしたミトラス教の流布は、キリスト教への道を開く可能性をもっていたと思われるが、しかし現実には、両宗教の流布した地域はずれていたので、ミトラス教がキリスト教の先駆者になることはなかったのである。

にもかかわらず、結果的に、キリスト教は西ヨーロッパの宗教となった。そこにはやはりコンスタンティヌス帝のキリスト教支持というローマ帝国の力が決定的に大きく働いていたと考えざるを得ない。キリスト教に向いていなかった地域にキリスト教を持ち込むためには、上からの力が不可欠だったのだろう。

ユーフラテス川に至るまでのオリエント世界の西半分を支配したローマ帝国は、西ヨーロッパの地にオリエントの様々なものが流入する契機を創り出したが、時にその力によって本来、あるいは少なくともその段階では必要ではなかったものまでを西方の領土に導入することになった。この点こそローマ帝国の歴史的意義と言ってよいのだが、そのひとつに例えば、城壁を巡らした都市がある。これは、遠くシュメール時代のオリエントに起源をもち、ギリシアやエトルリアを介して、ローマに伝えられた文化で、ローマ市もまた城壁で囲まれていた。後に、ローマが西ヨーロッパを支配する帝国となると、その支配地域に城壁都市の文化をもたらした。しかし、城壁都市は、もともとは遊牧民対策と見てよく、遊牧民と接していない西ヨーロッパに必要であったとは思われない。あくまで、そうすることが文化的だと思われていたにすぎない。そのため、ローマ帝国が滅ぶと、城壁を巡らす都市の文化は、一旦、西ヨーロッパからは失われることになったのである。これは同じく遊牧民と接さない日本に城壁都市が存在しなかったのと軌を一にする。

キリスト教もまた、この城壁都市と同じく、オリエントに由来するもので、その自然状態での流布の具合から判断して、少なくとも異教の時代のローマ帝国西方では大方の人々には求められていなかったのだろう。しかし、城壁都市とは違い、一旦、上からもたらされたキリスト教は、従来の異教の世界を破壊してしまったため、それに代わるものはなく、ローマ帝国滅亡後も生き延びることができたのである。

ミトラス教徒の数

このように考えると、ミトラス教は、キリスト教とは違って、ローマ帝国時代の西方に適した宗教であったことになる。

ところが、ミトラス教徒の人口に占める割合は、非常に低かったとの説が有力である。テュルカンは、それを一、二パーセントと見積もっている。この数字は、ローマ市の港町オスティアを事例に、この都市の人口を二、三万人、市内に存在したミトラス神殿の数を四〇ほど、そして一つのミトラス神殿に属する信者をその収容人数から判断してせいぜい二〇名ほどとする推定に基づいて導き出されたものである。

しかし、この数字には問題もある。それは、ミトラス神殿の収容人数をそのミトラス神殿に属した信徒の数に等しいと見ていることである。第Ⅲ章で言及したノリクムのウィルヌムから出土した青銅板には死没者も含めて、一八三年から二〇一年までの間に、このミトラス神殿に所属していたメンバーの名が九八名刻まれており、またベルギーのティーネンのミトラス神殿で夏至の日に行われた食事の儀礼の参加者も一〇〇名程度と推計されているが、いずれのミトラス神殿の収容人数もせいぜい二〇名ほどである。つまり、一度の収容人数が二〇名程度であったとしても、収容人数以上の信者が同じミトラス神殿を使っていたと考えられるのである。この場合、テュルカンの推定の五倍ほどはミトラス教徒がいたことになる。それは、総人口に占める割合にして、五―一〇パーセントほどになろう。この数字は、ミトラス教徒が男性のみの宗教であったことを考えるならば、相当に大きいと言わなければならない。

ミトラス教のままの世界――ローマ帝国の東西

とはいえ、このことをもって直ちに、「はしがき」で紹介したエルネスト・ルナンの言葉のように、ミトラス教がキリスト教に代わる世界宗教になり得たということを意味するわけではない。ルナンの見方は、ミトラス教がキリスト教と同様に全人類への宣教を行うことで、宗教世界の覇権を狙っていたとの考えに基づいているが、これはキリスト教的な宗教のあり方をミトラス教に押し付けているにすぎないからである。ミトラス教は、キリスト教のように宣教師を各地に派遣して、積極的な布教活動を行うようなことはなかったし、その拡大はあくまでも人と人との自然な接触を介するものであった。男性にしか入信を認めていなかったミトラス教は、キリスト教とは異なり、そもそも宗教世界の制覇などは目指していなかったのである。

この意味では、ミトラス教は、キリスト教よりも、むしろ近代のフリーメイソンに近い存在だった、と言えるかもしれない。フリーメイソンは、一八世紀のヨーロッパで誕生した理神論や科学主義などの啓蒙思想をもつ友愛の秘密結社である。その会員は原則的に男性のみで、会員になるには試練を伴う参入の儀礼を受けなければならなかった。会員には大きく「徒弟」、「職人」、「親方」の位階があり、「親方」になるには、死と再生の儀礼を経験した。彼らは、会員だけの秘密の知識を共有していた。ピラミッド状の組織は有さず、ロッジと呼ばれる各支部が自然発生的に誕生し、相互に承認しあうことで、拡大していった。フリーメイソンは、近代の産物であったにもかかわらず、組織の起源を古代イスラエルのソロモン王の時代や中世のテンプル騎士団に求めていたため、ミトラス教と同様に、その創始者もはっきりしない。そして、この組織の大きな機能は、会員間の親睦や相互扶助にあった。組織の核になる思想はもちろん大きく異なったが、フリーメイソンとミトラス教は、驚くほどよく似ているのである。

しかし、いっそう興味深いのは、異教時代のローマ帝国西方の人々を惹きつけたのは、キリスト教ではなく、ミトラス教のような宗教だったということであり、コンスタンティヌス帝の改宗がなければ、旧ローマ帝国領の西ヨーロッパは、自然増加的にキリスト教を受け入れていた東方とは異なって、ずっと長く異教世界のままで留まっていただろうということである。

地中海世界として歴史的な一体性が強調されるローマ帝国ではあるが、その実態は、西ヨーロッパに興った国家ローマがオリエントを支配するという複合物の性格を抜け出せておらず、帝国の東西の差異は大きかった。そして、そのローマ帝国がオリエント起源のキリスト教を西ヨーロッパに本格的に上から持ち込まなければ、現在、われわれが目にする西ヨーロッパ、そして世界そのものは、全く異なるものになっていたかもしれないのである。

異教の探究者であったフランツ・キュモンは、その心の奥底では熱心なカトリックの信者で、最期まで手元に置いていた本は一五世紀に活躍した神学者トマス・ア・ケンピスの『イミタティオ・クリスティ（キリストにならいて）』だったとされている。このような人であったからこそ、世界のミトラス教化を指摘したルナンの言葉を深刻に受け止め、キリスト教化と表裏一体の関係にある異教の研究に生涯を捧げたのであるが、キュモンが怖れていたであろう、非キリスト教的ローマ帝国の存続、延いては自身もまた非キリスト者であった可能性は、全くの杞憂と言い切れるものではなかったのである。

主要参考文献

全体に関する文献

小川英雄『ミトラス教研究』リトン、一九九三年。

──『ローマ帝国の神々──光はオリエントより』中央公論新社、二〇〇三年。

キュモン、フランツ『ミトラの密儀』小川英雄訳、平凡社、一九九三年（筑摩書房（ちくま学芸文庫）、二〇一八年）。

島田誠「イタリアの東方宗教」、松本宣郎編『イタリア史』第一巻「古代・初期中世」山川出版社（世界歴史大系）、二〇二一年。

高津春繁『ギリシア・ローマ神話辞典』岩波書店、一九六〇年。

フェルマースレン、M・J『ミトラス教』小川英雄訳、山本書店、一九七三年。

──『キュベレとアッティス──その神話と祭儀』小川英雄訳、新地書房、一九八六年。

松村一男「古代ローマにおける神々の戦争──キリスト教化への過程」、『東京大学宗教学年報』第三七号、二〇二〇年（『神話思考』第三巻、言叢社、二〇二一年に収録）。

本村凌二『多神教と一神教──古代地中海世界の宗教ドラマ』岩波書店、二〇〇五年。

リュプケ、イェルク『パンテオン──新たな古代ローマ宗教史』市川裕・松村一男監訳、東京大学出版会、二〇二四年。

Adrych, Philippa, Robert Bracey, Dominic Dalglish, Stefanie Lenk and Rachel Wood, *Images of Mithra*,

Oxford: Oxford University Press, 2017.

Alvar, Jaime, *Romanising Oriental Gods: Myth, Salvation, and Ethics in the Cults of Cybele, Isis, and Mithras,* trans. and ed. by Richard Gordon, Leiden: Brill, 2008.

Badisches Landesmuseum (ed.), *Imperium der Götter: Isis – Mithras – Christus: Kulte und Religionen im Römischen Reich,* Darmstadt: Theiss, 2013.

Beard, Mary, John North and Simon Price, *Religions of Rome,* 2 vols., Cambridge: Cambridge University Press, 1998.

Beck, Roger, *Beck on Mithraism, Collected Works with New Essays,* Aldershot and Burlington: Ashgate, 2004.

—— *The Religion of the Mithras Cult in the Roman Empire: Mysteries of the Unconquered Sun,* Oxford: Oxford University Press, 2006.

Brashear, William M., *A Mithraic Catechism from Egypt (P. Berol. 21196),* Vienna: Holzhausen, 1992.

Burkert, Walter, *Ancient Mystery Cults,* Cambridge, Massachusetts: Harvard University Press, 1987.

Clauss, Manfred, *The Roman Cult of Mithras: The God and His Mysteries,* trans. by Richard Gordon, Edinburgh: Edinburgh University Press, 2000.

—— *Mithras: Kult und Mysterium,* Darmstadt: Zabern, 2012.

Gordon, Richard, *Image and Value in the Graeco-Roman World: Studies in Mithraism and Religious Art,* Aldershot and Burlington: Variorum, 1996.

Hensen, Andreas, *Mithras: Der Mysterienkult an Limes,Rhein und Donau,* Darmstadt: Theiss, 2013.

Mastrocinque, Attilio, *The Mysteries of Mithras,* Tübingen: Mohr Siebeck, 2017.

Merkelbach, Reinhold, *Mithras,* Königstein/Ts: Hain, 1984.

Sanzi, Ennio, *I culti orientali nell'impero romano: un'antologia di fonti*, Cosenza: Lionello Giordano, 2003.
Turcan, Robert, *The Cults of the Roman Empire*, trans. by Antonia Nevill, Oxford: Blackwell, 1996.
―― *Mithra et le mithriacisme*, 3e tirage revu et complété, Paris: Les Belles Lettres, 2004.
―― *Recherches mithriaques: quarante ans de questions et d'investigations*, Paris: Les Belles Lettres, 2016.
Vermaseren, Maarten J., *De Mithrasdienst in Rome*, Nijmegen: Centrale Drukkerij, 1951.
―― *Corpus inscriptionum et monumentorum religionis Mithriacae*, 2 vols., The Hague: Martinus Nijhoff, 1956-60.

はしがき

大戸千之「ヘレニズム時代における文化の伝播と受容――地中海東部諸地域におけるエジプト神信仰について」、歴史学研究会編『古代地中海世界の統一と変容』青木書店、二〇〇〇年。

桜井万里子「エレウシスの秘儀とオルフェウスの秘儀――古代ギリシアにおける二つの秘儀」、深沢克己・桜井万里子編『友愛と秘密のヨーロッパ社会文化史――古代秘儀宗教からフリーメイソン団まで』東京大学出版会、二〇一〇年。

Renan, Ernest, *Marc-Aurèle et la fin du monde antique*, Paris: Calmann Lévy, 1882.

序　章

井上文則「ミトラス教研究の現在」、『史林』第八七巻第四号、二〇〇四年。

――「ミトラス教研究の新動向――「牡牛を殺すミトラス像」の天文学的、占星術的解釈」、『西洋古代史研究』第四号、二〇〇四年。

――「フランツ・キュモン伝に向けて――研究動向と年譜」、『西洋古代史研究』第一〇号、二〇一〇年。

――「フランツ・キュモンのミトラス教研究――『ミトラの密儀に関する文献史料と図像史料』を読む」、『思想』第一〇七八号、二〇一四年。

ヴィカンデル、スティグ『スティグ・ヴィカンデル論文集　アーリヤの男性結社』前田耕作編・監修、言叢社、一九九七年。

ウーランズィ、D「ミトラスの密儀」内田杉彦訳、『別冊　日経サイエンス』第一一四号「考古学の新展開」日本経済新聞社、一九九五年。

小川英雄「フランツ・キュモンのローマ帝国宗教論」、『松山大学論集』第六巻第四号、一九九四年。

キュモン、フランツ『古代ローマの来世観』小川英雄訳、平凡社、一九九六年。

――「ローマ人の葬礼のシンボリズムに関する調査研究　序論および第一章の一」永澤峻訳、『死と来世の神話学』永澤峻編、言叢社、二〇〇七年。

前田耕作『ディアナの森――ユーロアジア歴史紀行』せりか書房、一九九八年。

南川高志「テオドール・モムゼンと古代史研究の確立」、『歴史と地理』第五八六号、二〇〇五年。

Beck, Roger, Mithraism since Franz Cumont, *Aufstieg und Niedergang der römischen Welt*, II, Band 17/4, Berlin: W. de Gruyter, 1984.

Cumont, Franz, *Textes et monuments figurés relatifs aux mystères de Mithra*, 2 vols., Bruxelles: Lamertin, 1896, 1899.

―― Mithra en Asie Mineure, W. M. Calder and Josef Keil. (ed.), *Anatolian Studies, Presented to William Hepburn Buckler*, Manchester: Manchester University Press, 1939.

―― *The Oriental Religions in Roman Paganism*, New York: Dover, 1956.

—— The Dura Mithraeum, John R. Hinnells (ed.), *Mithraic Studies: Proceedings of the First International Congress of Mithraic Studies*, Vol. 1, Manchester: Manchester University Press, Totowa: Rowman and Littlefield, 1975.

Gordon, Richard, Franz Cumont and the Doctrines of Mithraism, John R. Hinnells (ed.), *Mithraic Studies, Proceedings of the First International Congress of Mithraic Studies*, Vol. 1, Manchester: Manchester University Press, Totowa: Rowman and Littlefield, 1975.

Hinnells, John R., Reflections on the Bull-Slaying Scene, John R. Hinnells (ed.), *Mithraic Studies, Proceedings of the First International Congress of Mithraic Studies*, Vol. 2, Manchester: Manchester University Press, Totowa: Rowman and Littlefield, 1975.

Insler, Stanley, A New Interpretation of the Bull-slaying Motif, Margreet B. de Boer and T. A. Edridge (ed.), *Hommages à Maarten J. Vermaseren*, Vol. 2, Leiden: Brill, 1978.

Speidel, Michael P., *Mithras-Orion: Greek Hero and Roman Army God*, Leiden: Brill, 1980.

Toutain, Jules, *Les cultes païens dans l'empire romain*, Vol. 2, Paris: E. Leroux, 1911.

Ulansey, David, *The Origins of the Mithraic Mysteries: Cosmology and Salvation in the Ancient World*, Oxford: Oxford University Press, 1989.

第Ⅰ章

足利惇氏『ペルシア宗教思想』弘文堂書房、一九四一年。

阿部拓児『アケメネス朝ペルシア——史上初の世界帝国』中央公論新社、二〇二一年。

伊藤義教『古代ペルシア——碑文と文学』岩波書店、一九七四年。

井本英一『輪廻の話――オリエント民俗誌』法政大学出版局、一九八九年。

――「ミトラ信仰の東西」、井本英一編『東西交渉とイラン文化』勉誠出版、二〇一〇年。

大戸千之「ギリシア文化とヘレニズム文化」、藤縄謙三編『ギリシア文化の遺産』南窓社、一九九三年。

グルネ、F「ソグドとバクトリアにおいてアヴェスターのヤシュトは知られていたか――図像学的資料による検討」影山悦子訳、『内陸アジア言語の研究』第一〇号、一九九五年。

立川武蔵『弥勒の来た道』NHK出版、二〇一五年。

田辺勝美『毘沙門天像の誕生――シルクロードの東西文化交流』吉川弘文館、一九九九年。

辻直四郎『インド文明の曙――ヴェーダとウパニシャッド』岩波書店、一九六七年。

デュメジル、ジョルジュ『神々の構造――印欧語族三区分イデオロギー』松村一男訳、国文社、一九八七年。

『ブンダヒシュン（Ⅰ）』野田恵剛訳、『貿易風　中部大学国際関係学部論集』第四号、二〇〇九年。

『ブンダヒシュン（Ⅱ）』野田恵剛訳、『貿易風　中部大学国際関係学部論集』第五号、二〇一〇年。

星野陽「Avesta（Yasht）におけるミトラの研究」、『オリエント』第一一巻第三・四号、一九七〇年。

前田徹『メソポタミアの王・神・世界観――シュメール人の王権観』山川出版社、二〇〇三年。

松本清張『カミと青銅の迷路』（清張通史3）講談社、一九七八年（講談社文庫、一九八七年）。

増永理考『ローマ帝国を生きるギリシア都市――小アジアにおける文化・経済のダイナミクス』京都大学学術出版会、二〇二四年。

宮崎市定「毘沙門天信仰の東漸に就て」、『宮崎市定全集』第一九巻「東西交渉」岩波書店、一九九二年。

――「榊亮三郎博士のミトラ教研究聞書――『大唐西域記』の大族王に寄せて」、『宮崎市定全集』第二四巻「随筆（下）」岩波書店、一九九四年。

宮治昭『バーミヤーン、遙かなり――失われた仏教美術の世界』日本放送出版協会、二〇〇二年。

森茂男「大乗仏教に入ったイラン文化的要素――阿弥陀仏と極楽をめぐって」、井本英一編『東西交渉とイラン文化』勉誠出版、二〇一〇年。
Gershevitch, Ilya, *The Avestan Hymn to Mithra*, Cambridge: Cambridge University Press, 1959.
Gordon, Richard, From Miθra to Roman Mithras, Michael Stausberg, Yuhan Sohrab-Dinshaw Vevaina and Anna Tessmann (ed.), *The Wiley Blackwell Companion to Zoroastrianism*, Chichester: Wiley Blackwell, 2015.
Kreyenbroek, Philip, Mithra and Ahreman in Iranian Cosmogonies, John R. Hinnells (ed.), *Studies in Mithraism*, Roma: L'Erma di Bretschneider, 1994.
Lahe, Jaan, *Mithras-Miθra-Mitra: Der römische Gott Mithras aus der Perspektive der vergleichenden Religionsgeschichte*, Münster: Zaphon, 2019.

第Ⅱ章

稲葉穣「仏教西伝の痕跡を求めて」、『図書』第七九九号、二〇一五年。

井上文則「ローマ帝国における「不敗の太陽神（Sol Invictus）」崇拝」、『史境』第六三号、二〇一一年。

桑山由文「占星術をめぐるローマ人の感情」、南川高志・井上文則編『生き方と感情の歴史学――古代ギリシア・ローマ世界の深層を求めて』山川出版社、二〇二一年。

小林卓「ローマ帝政期における太陽神崇拝とミトラス教」、『古代文化』第七四巻第四号、二〇二三年。

定方晟『異端のインド』東海大学出版会、一九九八年。

ルトヴェラゼ、エドヴァルド『考古学が語るシルクロード史――中央アジアの文明・国家・文化』加藤九祚訳、平凡社、二〇一一年。

Beck, Roger, The Mysteries of Mithras: A New Account of their Genesis, *The Journal of Roman Studies*, 88, 1998.

Bull, Robert J., *The Mithraeum at Caesarea Maritima*, Boston: American Schools of Oriental Research, 2017.

Chalupa, Aleš, The Origins of the Roman Cult of Mithras in the Light of New Evidence and Interpretations: The Current State of Affairs, *Religio*, 24, 2016.

Clauss, Manfred, *Cultores Mithrae: Die Anhängerschaft des Mithras-Kultes*, Stuttgart: F. Steiner, 1992.

Gojkovič, Mojca Vomer, Mithraea in Poetovio and the New Discovery, *Acta Antiqua Academiae Scientiarum Hungaricae*, 58, 2018.

Gordon, Richard, Who worshipped Mithras?, *Journal of Roman Archaeology*, 7, 1994.

—— Mithras in Doliché: Issues of Date and Origin, *Journal of Roman Archaeology*, 20, 2007.

Liebeschuetz, Wolfgang, The Expansion of Mithraism among the Religious Cults of the Second Century, John R. Hinnells (ed.), *Studies in Mithraism*, Roma: L'Erma di Bretschneider, 1994.

Nilsson, Martin P., *Geschichte der griechischen Religion*, Vol. II, München: C. H. Beck, 1974.

Preložnik, Andrej and Aleksandra Nestorović, Between Metropolis and Wilderness: The Topography of Mithraea in Ager Poetoviensis, *Acta Antiqua Academiae Scientiarum Hungaricae*, 58, 2018.

Schütte-Maischatz, Anke and Engelbert Winter, *Doliche: Eine kommagenische Stadt und ihre Götter, Mithras und Iupiter Dolichenus*, Bonn: Dr. Rudolf Habelt GmbH, 2004.

Vermaseren, Maarten J., Mithras in der Römerzeit, Maarten J. Vermaseren (ed.), *Die orientalischen Religionen im Römerreich*, Leiden: Brill, 1981.

第Ⅲ章

Gawlikowski, Michał, The Mithraeum at Hawarte and its Paintings, *Journal of Roman Archaeology*, 20, 2007.

Gordon, Richard, Two Mithraic Albums from Virunum, Noricum, *Journal of Roman Archaeology*, 9, 1996.

—— The Mithraic Body: The Example of the Capua Mithraeum, Giovanni Casadio and Patricia A. Johnston (ed.), *Mystic Cults in Magna Graecia*, Austin: University of Texas Press, 2009.

Martens, Marleen, Anton Ervynck and Richard Gordon, The Reconstruction of a Banquet and Ritual Practices at the Mithraeum of Tienen (Belgium), New Data and Interpretations, Matthew M. McCarty and Mariana Egri (ed.), *The Archaeology of Mithraism: New Finds and Approaches to Mithras-Worship*, Leuven: Peeters, 2020.

Piccottini, Gernot, *Mithrastempel in Virunum*, Klagenfurt: Verlag des Geschichtsvereines für Kärnten, 1994.

Vermaseren, Maarten J., *Mithriaca*, I: *The Mithraeum at S. Maria Capua Vetere*, Leiden: Brill, 1971.

第Ⅳ章

石田英一郎『河童駒引考——比較民族学的研究』筑摩書房、一九四八年。

井上文則「古代ローマの幽霊」、南川高志・井上文則編『生き方と感情の歴史学——古代ギリシア・ローマ世界の深層を求めて』山川出版社、二〇二一年。

——『軍と兵士のローマ帝国』岩波書店、二〇二三年。

加藤磨珠枝「オスティア・アンティカから考える古代末期のミトラス教美術——七つの門のミトラエウム(Reg. IV, Ins. V, 13)を中心に」、坂口明・豊田浩志編『古代ローマの港町　オスティア・アンティカ研究の最前線』勉誠出版、二〇一七年。

クナップ、ロバート『古代ローマの庶民たち——歴史からこぼれ落ちた人々の生活』西村昌洋監訳、増永理考・山下孝輔訳、白水社、二〇一五年。

『古代オリエント集』杉勇他訳、筑摩書房、一九七八年。

坂口明「支配の果実と代償——ローマ奴隷制社会論」、『岩波講座　世界歴史』第四巻「地中海世界と古典文明——前1500年—後4世紀」岩波書店、一九九八年。

島田誠『コロッセウムからよむローマ帝国』講談社、一九九九年。

ソレル、レナル『オルフェウス教』脇本由佳訳、白水社、二〇〇三年。

星野陽「ローマにおける奴隷と信仰」、『松山商大論集』第一七巻第三号、一九六六年。

南川高志「ローマ皇帝の死に対する感情と生き方」、南川高志・井上文則編『生き方と感情の歴史学——古代ギリシア・ローマ世界の深層を求めて』山川出版社、二〇二一年。

——『マルクス・アウレリウス——『自省録』のローマ帝国』岩波書店、二〇二二年。

本村凌二『薄闇のローマ世界——嬰児遺棄と奴隷制』東京大学出版会、一九九三年。

ルドルフ、クルト『グノーシス——古代末期の一宗教の本質と歴史』大貫隆・入江良平・筒井賢治訳、岩波書店、二〇〇一年。

Hörig, Monika, Iupiter Dolichenus, *Aufstieg und Niedergang der römischen Welt*, II, Band 17/4, Berlin: W. de Gruyter, 1984.

Merlat, Pierre, *Jupiter Dolichenus: essai d'interprétation et de synthèse*, Paris: Presses universitaires de France, 1960.

Speidel, Michael P., *Jupiter Dolichenus: Der Himmelsgott auf dem Stier*, Stuttgart: Regierungspräsidium Stuttgart, 1980.

第V章

後藤篤子「ローマ帝国における「異教」とキリスト教」、歴史学研究会編『古代地中海世界の統一と変容』青木書店、二〇〇〇年。

中西恭子『ユリアヌスの信仰世界――万華鏡のなかの哲人皇帝』慶應義塾大学出版会、二〇一六年。

西村昌洋「プルデンティウスの「スティリコ頌」――ウィクトリア女神祭壇撤去事件再考のために」、『西洋古典学研究』第六〇巻、二〇一二年。

バワーソック、G・W『背教者ユリアヌス』新田一郎訳、思索社、一九八六年。

南川高志『ユリアヌス――逸脱のローマ皇帝』山川出版社、二〇一五年。

Athanassiadi, Polymnia, *Julian: An Intellectual Biography*, London: Routledge, 1992.

Bloch, Herbert, The Pagan Revival in the West at the End of the Fourth Century, Arnaldo Momigliano (ed.), *The Conflict Between Paganism and Christianity in the Fourth Century: Essays*, Oxford: Clarendon Press, 1963.

Hollard, Dominique, Julien et Mithrā sur le relief de Tāq-e Bostān, Rika Gyselen (ed.), *Sources for the History of Sasanian and Post-Sasanian Iran*, *Res Orientales*, 19, Bures-sur-Yvette: Groupe pour l'étude de la civilisation du Moyen-Orient, 2010.

Kahlos, Maijastina, *Vettius Agorius Praetextatus: A Senatorial Life in Between*, Roma: Institutum Romanum Finlandiae, 2002.

Sauer, Eberhard, *The End of Paganism in the North-Western Provinces of the Roman Empire: The Example of the Mithras Cult*, Oxford: Tempus Reparatum, 1996.

Walsh, David, *The Cult of Mithras in Late Antiquity: Development, Decline and Demise ca. A. D. 270-430*, Leiden: Brill, 2018.

終章

井上文則「古代西部ユーラシア史の構想」、『フェネストラ』第七号、二〇二三年。

ヴェーヌ、ポール『「私たちの世界」がキリスト教になったとき――コンスタンティヌスという男』西永良成・渡名喜庸哲訳、岩波書店、二〇一〇年。

クーロン、ジェラール＋ジャン＝クロード・ゴルヴァン『絵で旅する ローマ帝国時代のガリア――古代の建築・文化・暮らし』瀧本みわ・長谷川敬訳、マール社、二〇一九年。

ジョーンズ、A・H・M『ヨーロッパの改宗――コンスタンティヌス《大帝》の生涯』戸田聡訳、教文館、二〇〇八年。

スターク、ロドニー『キリスト教とローマ帝国――小さなメシア運動が帝国に広がった理由』穐田信子訳、新教出版社、二〇一四年。

疋田隆康『ケルトの世界――神話と歴史のあいだ』筑摩書房、二〇二二年。

松本宣郎『ガリラヤからローマへ――地中海世界をかえたキリスト教徒』山川出版社、一九九四年（講談社学術文庫）、二〇一七年）。

――『キリスト教徒が生きたローマ帝国』日本キリスト教団出版局、二〇〇六年。

南川高志『海のかなたのローマ帝国――古代ローマとブリテン島』増補新版、岩波書店、二〇一五年。

吉村正和『フリーメイソン――西欧神秘主義の変容』講談社、一九八九年。

Bagnall, Roger S., Religious Conversion and Onomastic Change in Early Byzantine Egypt, *The Bulletin of the*

American Society of Papyrologists, 19, 1982.

Burkert, Walter, *Babylon, Memphis, Persepolis: Eastern Contexts of Greek Culture*, Cambridge, Massachusetts and London: Harvard University Press, 2004.

Cumont, Frantz, 1887. Alexandre d'Abonotichos. Un épisode de l'histoire du paganisme au IIe siècle de notre ère, *Mémoires de l'Académie royale de Belgique*, 40, 1887.

Jones, Arnold H. M., The Social Background of the Struggle between Paganism and Christianity, Arnaldo Momigliano (ed.), *The Conflict Between Paganism and Christianity in the Fourth Century: Essays*, Oxford: Clarendon Press, 1963.

Momigliano, Arnaldo, *Alien Wisdom: The Limits of Hellenization*, Cambridge: Cambridge University Press, 1975.

引用文献

『アヴェスタ 原典完訳――ゾロアスター教の聖典』野田恵剛訳、国書刊行会、二〇二〇年。

アエリウス・ランプリディウス「コンモドゥス・アントニヌスの生涯」南川高志訳、『ローマ皇帝群像』第二巻、京都大学学術出版会、二〇〇六年。

アテナイオス『食卓の賢人たち』全五巻、柳沼重剛訳、京都大学学術出版会、一九九七―二〇〇四年。

アープレーイユス『黄金の驢馬』呉茂一・国原吉之助訳、岩波書店（岩波文庫）、二〇一三年。

アレクサンドリアのクレメンス『プロトレプティコス（ギリシア人への勧告）』、『キリスト教教父著作集』第五巻「アレクサンドリアのクレメンス3――パイダゴーゴス（訓導者）他」秋山学訳、教文館、二〇二二年。

伊藤義教『古代ペルシア――碑文と文学』岩波書店、一九七四年。

エウセビオス『コンスタンティヌスの生涯』秦剛平訳、京都大学学術出版会、二〇〇四年。

エウナピオス『哲学者およびソフィスト列伝』戸塚七郎訳、ピロストラトス＋エウナピオス『哲学者・ソフィスト列伝』戸塚七郎・金子佳司訳、京都大学学術出版会、二〇〇一年。

オリゲネス『ケルソス駁論』全三巻、『キリスト教教父著作集』第八―一〇巻「オリゲネス3―5」、出村みや子訳、教文館、一九八七―二〇二二年。

カエサル『ガリア戦記』国原吉之助訳、講談社（講談社学術文庫）、一九九四年。

キケロー『国家について』、『キケロー選集』第八巻「哲学1」岡道男訳、岩波書店、一九九九年（『国家について　法律について』岡道男訳、講談社（講談社学術文庫）、二〇二五年）。

キュモン、フランツ『ミトラの密儀』小川英雄訳、平凡社、一九九三年（筑摩書房（ちくま学芸文庫）、二〇一八年）。

クナップ、ロバート『古代ローマの庶民たち――歴史からこぼれ落ちた人々の生活』西村昌洋監訳、増永理考・山下孝輔訳、白水社、二〇一五年。

クルティウス・ルフス『アレクサンドロス大王伝』谷栄一郎・上村健二訳、京都大学学術出版会、二〇〇三年。

スエトニウス『ローマ皇帝伝』全二巻、国原吉之助訳、岩波書店（岩波文庫）、一九八六年。

スタティウス『テーバイ物語』全二巻、山田哲子訳、京都大学学術出版会、二〇二四年。

ストラボン『ギリシア・ローマ世界地誌』全二巻、飯尾都人訳、龍溪書舎、一九九四年。

『聖書　新共同訳』日本聖書協会、一九八七年。

『聖書　聖書協会共同訳』日本聖書協会、二〇一八年。

タキトゥス『年代記――ティベリウス帝からネロ帝へ』全二巻、国原吉之助訳、岩波書店（岩波文庫）、一九八一年。

テルトゥリアヌス『護教論（アポロゲティクス）』、『キリスト教教父著作集』第一四巻「テルトゥリアヌス2」鈴木一郎訳、教文館、一九八七年。

――『兵士の冠について』、『キリスト教教父著作集』第一六巻「テルトゥリアヌス4――倫理論文集」木寺廉太訳、教文館、二〇〇二年。

フェルマースレン、M・J『ミトラス教』小川英雄訳、山本書店、一九七三年。

フラウィウス・ヨセフス『ユダヤ戦記』全三巻、秦剛平訳、筑摩書房（ちくま学芸文庫）、二〇〇二年。

プラトン『国家』全二巻、藤沢令夫訳、岩波書店（岩波文庫）、一九七九年。

『プリニウス書簡集――ローマ帝国一貴紳の生活と信条』国原吉之助訳、講談社（講談社学術文庫）、一九九九年。

プリニウス『プリニウスの博物誌』全六巻、中野定雄・中野里美・中野美代訳、縮刷第二版、雄山閣、二〇二一年。

プルタルコス『英雄伝』全六巻、柳沼重剛・城江良和訳、京都大学学術出版会、二〇〇七―二一年。

『ブンダヒシュン（I）』野田恵剛訳、『貿易風　中部大学国際関係学部論集』第四号、二〇〇九年。

『ブンダヒシュン（II）』野田恵剛訳、『貿易風　中部大学国際関係学部論集』第五号、二〇一〇年。

ペトロニウス『サテュリコン――古代ローマの諷刺小説』国原吉之助訳、岩波書店（岩波文庫）、一九九一年。

ヘロドトス『歴史』全三巻、松平千秋訳、岩波書店（岩波文庫）、一九七一―七二年。

ホメロス『オデュッセイア』中務哲郎訳、京都大学学術出版会、二〇二二年。

ユウェナーリス『諷刺詩』、ペルシウス＋ユウェナーリス『ローマ諷刺詩集』国原吉之助訳、岩波書店（岩波文庫）、二〇一二年。

ユスティノス『第一弁明』柴田有訳、『キリスト教教父著作集』第一巻「ユスティノス」、柴田有・三小田敏雄訳、教文館、一九九二年。

『リグ・ヴェーダ讃歌』辻直四郎訳、岩波書店（岩波文庫）、一九七〇年。

ルキアノス「シリアの女神について」、『ルキアノス選集』内田次信訳、国文社、一九九九年。

ルクレーティウス『物の本質について』樋口勝彦訳、岩波書店（岩波文庫）、一九六一年。

あとがき

ミトラス教の研究は、私にとって長年の宿題だった。

大学一年の時の授業で、M・J・フェルマースレンの『ミトラス教』（山本書店、一九七三年）をもとにしてこの宗教について発表したのがその始まりだった。なぜミトラス教を取り上げたのかははっきり憶えていないが、おそらく、たまたまフェルマースレンの本を書店で見つけて、あの神秘的な牡牛を殺すミトラス神の像に魅力を感じた程度の理由だったのだろう。深い理由があったのではないのは確かである。授業担当者であったルネサンス史家の松本典昭先生からは、ミトラス教には、土、水、空気、火の四元素の思想はあったのですかと質問されたが、答えられなかった。

その後、私の関心は紆余曲折して、結局、卒業論文では、ミトラス教ではなく、軍人皇帝時代の政治史を取り上げた。そして、そのまま博士論文を書くまで軍人皇帝時代の研究をすることになったのだが、博論を書き上げた頃から軍人皇帝時代については早くも飽きが来て、少し別のテーマについて勉強したくなった。その時に、真っ先に頭に浮かんだのがミトラス教だったのである。ちょうどそのころ、インターネットが普及し始めて、J・R・ヒネルズ編『ミトラス研究』（一九九五年）やR・メルケルバッハ『ミトラス』（一九八四年）などの関係書籍が海外の古書店から面白いほど簡単に手に入るようになった。そして、これらをもとに書いたのが「ミトラス教研究の現在」（『史林』第八七巻第四号、二〇〇四年）と「ミトラス教研究の新動向――「牡牛を殺すミトラス像」の天文学的、占星術的解釈」（『西洋古代史研究』第四号、二〇〇四年）で、いずれも二〇〇四年に刊行された。普通であれば、ここでまとめた研究史を踏まえて、ミトラス教に本格的に取り組むべきだったのが、情けないことに、どこから手を付けていいのかもはっきりしないままだった。それでも、ミトラス教への関心はそれなりに持続して、またこのテーマは授業で話すと、軍人皇帝時代よりも学生の受けがはるかにいいので、連年、講義でも取り上げて来た。しかし、それでもやっぱりミトラス教の論文は書けないままで、講義のテーマとしてはともかく、研究テーマとしてはもはや放棄しかかっていた。

そのような時に（二〇二二年一〇月）、旧知の編集者岡林彩子さんからミトラス教をテーマに本を書かれませんかとのお誘いをいただいた。内心、かなり躊躇したが、一方で、ここまで勉強してきて、分からずじまいで終わるのも、気持ち悪かったので、最後にミトラス教にもう一度だけ本腰を入れてチャレンジしてみることにした。その結果がご覧の通りの本書である。研究には、個別のテーマを積み重ねて、全体像に至る道もあるが、ミトラス教のような宗教の場合、起源から教義、信者層までの全体が有機的に関連しているので、あらかじめ全体像を考えてからでないとまとまらないテーマもあるのだ、と今では思っている。ミトラス教は、少なくとも私にとっては、そのようなテーマだったのであり、これが個別論文を書けなかった理由の一端だったのだろう。

ところで、面白いことに、日本では同じイランの神であっても、その最高神アフラ・マズダーよりも、ミトラ神への関心がずっと強い。淵源は、榊亮三郎の研究に遡る。榊は、明治から昭和初期の京都帝国大学の梵語学梵文学講座の教授であったが、イランへの関心が深く、イランを中心にした独自の世界史観をもっており、昭和六（一九三一）年に六日間行われた京都帝国大学の夏期講座「上世波斯《ペルシア》と印度、中世波斯と支那日本」では、ミトラ神についても相当時間を割いて話したようである。ちなみに、京大の図書館にはキュモンの『ミトラの密儀に関する文献史料と図像史料』が所蔵されているが、受け入れ年は大正九（一九二〇）年であり、榊の依頼で購入されたのであろう。

夏期講座の内容は、聴講者であり、本書第Ⅰ章で紹介した東洋史学者宮崎市定が「榊亮三郎博士のミトラ教研究聞書」（一九八七年）で紹介している。そして、宮崎自身も榊の講義をヒントに、ミトラ研究そのものと言ってもよい「毘沙門天信仰の東漸について」（一九四一年）を書いたのである。榊亮三郎の教え子の中からは、『ペルシア宗教思想』（弘文堂書房、一九四一年）を著した足利惇氏が出、さらに足利の門下の伊藤義教、井本英一はイラン学者としてその名を揚げた。これらの研究に影響を受けた小説家の松本清張は、古代日本へのミトラ神崇拝の影響を『カミと青銅の迷路』（清張通史3、講談社、一九七八年）で論じている。ちなみに、宮崎市定は、一九三六年から三八年までの二年間、パリで在外研究を行っていたが、この間の初めは一六区のボワロー街の四八番地に下宿していた。同時期には、フランツ・キュモンも同じ一六区クレベール大通り一三番地に居を構えていた。二人はパリですれ違っていてもおかしくはなかった。

これに対して、ミトラス教の研究は、もっぱら慶応義塾大学の小川英雄によって進められた。小川は、高校時代にミトラス教の存在を、岩波文庫の『ガリア戦記』の翻訳者として知られる西洋史学者の近山金次に教えられたという。小川は、フェルマースレンの下で学び、その著書だけでなく、キュモンの研究も翻訳し、また自ら『ミトラス教研究』（リトン、一九九三年）を上梓した。小川の最終的なミトラス教観は、『ローマ帝国の神々――光はオリエントより』（中公新書、二〇〇三年）を見られたらよいだろう。

小川の後、私を挟んで、最近になってもう一人ミトラス教に本格的に取り組む研究者が現れた。それが名古屋大学の小林卓氏で、同氏はここ数年、日本西洋史学会や日本西洋古典学会などで精力的に学会発表を行い、『古代文化』第七四巻第四号（二〇二三年）には「ローマ帝政期における太陽神崇拝とミトラス教」の論考を発表している。小林氏とは、本書執筆中に知り合うことになった。同氏からは、ヨーロッパで二〇二一年から二三年にかけて各地を巡回しながら大規模なミトラス教の展覧会Mystery of Mithras: Exploring the Heart of a Roman Cultが開催されていることをご教示いただいたし、また第Ⅱ章でポエトウィオのミトラス教の発展をとり上げたのも同氏の研究発表に触発された結果である。

自身を改めて振り返ってみれば、先に書いたようにフェルマースレンから何となくミトラス教に関心をもち、進んで小川の研究を手にし、一方で、松本清張や宮崎ら日本のミトラ神研究を知って、そのロマンに惹かれ続けてきたといったところだろうか。いずれにしても、今は、長年の宿題がようやく提出できて、ほっとしている。お声をかけていただいた岡林さんには、心から感謝申し上げたい。

令和六年七月一日

井上文則

Shepherd, J. D. 1998, *The Temple of Mithras, London: Excavations by W. F. Grimes and A. Williams at the Walbrook,* London: English Heritage.

Speidel, Michael P. 1980, *Jupiter Dolichenus: Der Himmelsgott auf dem Stier,* Stuttgart: Regierungspräsidium Stuttgart.

Tougher, Shaun 2007, *Julian the Apostate,* Edinburgh: Edinburgh University Press.

Vermaseren, Maarten J. 1977, *Cybele and Attis: The Myth and the Cult,* London: Thames and Hudson.

Wagner (ed.), Jörg 2000, *Gottkönige am Euphrat. Neue Ausgrabungen und Forschungen in Kommagene,* Mainz am Rhein: Zabern.

グルネ、F 1995「ソグドとバクトリアにおいてアヴェスターのヤシュトは知られていたか――図像学的資料による検討」影山悦子訳、『内陸アジア言語の研究』第 10 号。

クーロン、ジェラール+ジャン゠クロード・ゴルヴァン 2019『絵で旅する ローマ帝国時代のガリア――古代の建築・文化・暮らし』瀧本みわ・長谷川敬訳、マール社。

Wood 2017, *Images of Mithra,* Oxford: Oxford University Press.

Badisches Landesmuseum (ed.) 2013, *Imperium der Götter: Isis – Mithras – Christus: Kulte und Religionen im Römischen Reich,* Darmstadt: Theiss.

Beck, Roger 2000, Ritual, Myth, Doctrine, and Initiation in the Mysteries of Mithras: New Evidence from a Cult Vessel, *The Journal of Roman Studies,* 90.

Bricault, Laurent, Richard Veymiers, Nicolas Amoroso (ed.) 2021, *The Mystery of Mithras: Exploring the Heart of a Roman Cult,* Morlanwelz: Musée Royal de Mariemont.

Bull, Robert J. 2017, *The Mithraeum at Caesarea Maritima,* Boston: American Schools of Oriental Research.

Casadio, Giovanni and Patricia A. Johnston (ed.) 2009, *Mystic Cults in Magna Graecia,* Austin: University of Texas Press.

Clauss, Manfred 2012, *Mithras, Kult und Mysterium,* Darmstadt: Zabern.

Gawlikowski, Michał 2015, The Mithraeum at Hawarte and its Paintings, *Journal of Roman Archaeology,* 20.

Hensen, Andreas 2013, *Mithras, Der Mysterienkult an Limes, Rhein und Donau,* Darmstadt: Theiss.

Hollard, Dominique 2010, Julien et Mithrā sur le relief de Tāq-e Bostān, Rika Gyselen (ed.), *Sources for the History of Sasanian and Post-Sasanian Iran, Res Orientales,* 19, Bures-sur-Yvette: Groupe pour l'étude de la civilisation du Moyen-Orient.

Huld-Zetsche, Ingeborg 1986, *Mithras in Nida-Heddernheim,* Frankfurt am Main: Museum für Vor- und Frühgeschichte.

Matheson, Susan B. 1982, *Dura-Europos: The Ancient City and the Yale Collection,* New Haven: Yale University Art Gallery.

Macrobius 1952, *Commentary on the Dream of Scipio,* trans. and notes by William Harris Stahl, New York: Columbia University Press.

Merkelbach, Reinhold 1984, *Mithras,* Königstein/Ts: Hain.

Putzger, Friedrich Wilhelm 1979, *Historischer Weltatlas,* Walter Leisering (ed.), Berlin: Cornelsen-Velhagen und Klasing.

Schütte-Maischatz, Anke and Engelbert Winter 2004, *Doliche: Eine kommagenische Stadt und ihre Götter, Mithras und Iupiter Dolichenus,* Bonn: Dr. Rudolf Habelt GmbH.

図 **III-14**：Badisches Landesmuseum (ed.) 2013, p. 245.
図 **III-15**：Gawlikowski 2015, p. 353.
図 **III-16**：Clauss 2012, Taf. 2.
図 **III-17**：Beck 2000, Plate XIII, XIV.
図 **III-18**：Clauss 2012, p. 63.

第Ⅳ章

図 **IV-0**：Bricault, Veymiers, Amoroso (ed.) 2021, p. 235.
図 **IV-1**：Merkelbach 1984, p. 276, Abb. 16.
図 **IV-2**：Macrobius 1952, p. 103 をもとに作成。
図 **IV-3**：Bricault, Veymiers, Amoroso (ed.) 2021, p. 352.
図 **IV-4**：Merkelbach 1984, p. 387, Abb. 155.
図 **IV-5**：Merkelbach 1984, p. 282, Abb. 22.
図 **IV-6**：Badisches Landesmuseum (ed.) 2013, p. 297.
図 **IV-7**：Merkelbach 1984, p. 280, Abb. 19.
地図 **IV-1**：Speidel 1980, p. 10.

第Ⅴ章

図 **V-0**：Badisches Landesmuseum (ed.) 2013, p. 228.
図 **V-1**：NikonZ7II, CC BY-SA 4.0, via Wikimedia Commons.
図 **V-2**：Tougher 2007, p. 175.
図 **V-3**：Bricault, Veymiers, Amoroso (ed.) 2021, p. 148.
図 **V-4a**：Bricault, Veymiers, Amoroso (ed.) 2021, p. 30.
図 **V-4b**：Hollard 2010, p. 159.
図 **V-5**：Vermaseren 1977, p. 104.

終　章

図 **VI-0**：Badisches Landesmuseum (ed.) 2013, p. 378.
図 **VI-1**：Ángel M. Felicísimo, CC BY 2.0, via Wikimedia Commons.
図 **VI-2**：クーロン＋ゴルヴァン 2019, p. 186.
地図 **VI-1**：Putzger 1979, p. 33 をもとに作成。

書誌情報

Adrych, Philippa, Robert Bracey, Dominic Dalglish, Stefanie Lenk, Rachel

第Ⅱ章

図 **II-0**：Shepherd 1998, p. 221.

図 **II-1**：Badisches Landesmuseum (ed.) 2013, p. 84.

図 **II-2**：Badisches Landesmuseum (ed.) 2013, p. 134.

図 **II-3**：Badisches Landesmuseum (ed.) 2013, p. 146.

図 **II-4**：Badisches Landesmuseum (ed.) 2013, p. 167.

図 **II-5**：Huld-Zetsche 1986, p. 55.

図 **II-6**：Adrych, Bracey, Dalglish, Lenk, Wood 2017, p. 17.

図 **II-7**：Bull 2017, p. 62.

図 **II-8**：Bull 2017, p. 50.

図 **II-9**：Schütte-Maischatz and Winter 2004, Taf. 28 and p. 150.

図 **II-10**：Schütte-Maischatz and Winter 2004, Taf. 29 and p. 151.

図 **II-11**：Merkelbach 1984, p. 274, Abb. 15.

図 **II-12**：Merkelbach 1984, p. 278.

図 **II-13**：Merkelbach 1984, p. 377, Abb. 142

地図 **II-1**：著者作成。

地図 **II-2**：Bricault, Veymiers, Amoroso (ed.) 2021, p. 163.

地図 **II-3**：Clauss 2012, p. 13.

第Ⅲ章

図 **III-0**：Hensen 2013, p. 65.

図 **III-1**：Bricault, Veymiers, Amoroso (ed.) 2021, p. 340.

図 **III-2**：Casadio and Johnston (ed.), 2009, p. 296.

図 **III-3**：Merkelbach 1984, p. 287, Abb. 29.

図 **III-4**：Merkelbach 1984, p. 288.

図 **III-5**：Merkelbach 1984, p. 287, Abb. 28.

図 **III-6**：Merkelbach 1984, p. 289.

図 **III-7**：Badisches Landesmuseum (ed.) 2013, p. 234.

図 **III-8**：Hensen 2013, p. 69.

図 **III-9**：Merkelbach 1984, p. 381, Abb. 148.

図 **III-10**：Merkelbach 1984, p. 295.

図 **III-11**：Bull 2017, p. 47.

図 **III-12**：Bull 2017, p. 42.

図 **III-13**：Badisches Landesmuseum (ed.) 2013, p. 226.

図版出典一覧

本書の図版の出典を以下に示す。姓と刊行年の略記で示した書籍の書誌情報は、本一覧の末尾にアルファベット順で掲げた。

はじめに

図 **1**：Wikimedia Commons.
図 **2a**：Adrych, Bracey, Dalglish, Lenk, Wood 2017, p. 16.
図 **2b**：Merkelbach 1984, p. 279.
図 **3**：Hensen 2013, p. 38.
図 **4**：Merkelbach 1984, p. 299.

序　章

図 **0-0**：Badisches Landesmuseum (ed.) 2013, p. 69.
図 **0-1**：筆者所蔵。
図 **0-2**：Badisches Landesmuseum (ed.) 2013, p. 68.
図 **0-3**：Merkelbach 1984, p. 315.
図 **0-4**：Matheson 1982, p. 4.
図 **0-5**：Matheson 1982, Fig. 1.
図 **0-6**：Badisches Landesmuseum (ed.) 2013, p. 240 をもとに作成。

第Ⅰ章

図 **I-0**：Wagner (ed.) 2000, p. 47.
図 **I-1a**：Wikimedia Commons.
図 **I-1b**：グルネ 1995, p. 91.
図 **I-2**：『満済准后日記』第２軸（国立国会図書館所蔵）。
図 **I-3**：Adrych, Bracey, Dalglish, Lenk, Wood 2017, p. 107.
図 **I-4**：Wagner (ed.) 2000, p. 13.
図 **I-5**：Wagner (ed.) 2000, p. 44.
図 **I-6**：Wagner (ed.) 2000, p. 31.
図 **I-7**：Clauss 2012, p. 15.
図 **I-8**：Merkelbach 1984, p. 308.

井上文則（いのうえ・ふみのり）

一九七三年、京都府生まれ。京都大学大学院文学研究科博士後期課程修了。博士（文学）。現在、早稲田大学文学学術院教授。専門は西洋古代史。

主な著書に『軍人皇帝時代の研究』（岩波書店）、『軍人皇帝のローマ』（講談社選書メチエ）、『天を相手にする』（国書刊行会）、『シルクロードとローマ帝国の興亡』（文春新書）、『軍と兵士のローマ帝国』（岩波新書）などがある。

異教《いきょう》のローマ

ミトラス教《きょう》とその時代《じだい》

二〇二五年　二月一二日　第一刷発行

著者　井上文則《いのうえふみのり》

発行者　篠木和久

発行所　株式会社　講談社
東京都文京区音羽二丁目一二―二一　〒一一二―八〇〇一
電話（編集）〇三―五三九五―三五一二
（販売）〇三―五三九五―五八一七
（業務）〇三―五三九五―三六一五

装幀者　奥定泰之

本文データ制作　講談社デジタル製作

本文印刷　信毎書籍印刷株式会社

カバー・表紙印刷　半七写真印刷工業株式会社

製本所　大口製本印刷株式会社

KODANSHA

ISBN978-4-06-538007-9　Printed in Japan　N.D.C.232　255p　19cm

講談社選書メチエの再出発に際して

講談社選書メチエの創刊は冷戦終結後まもない一九九四年のことである。長く続いた東西対立の終わりはついに世界に平和をもたらすかに思われたが、その期待はすぐに裏切られた。超大国による新たな戦争、吹き荒れる民族主義の嵐……世界は向かうべき道を見失った。そのような時代の中で、書物のもたらす知識が一人一人の指針となることを願って、本選書は刊行された。

それから二五年、世界はさらに大きく変わった。特に知識をめぐる環境は世界史的な変化をこうむったとすら言える。インターネットによる情報化革命は、知識の徹底的な民主化を推し進めた。誰もがどこでも自由に知識を入手でき、自由に知識を発信できる。それは、冷戦終結後に抱いた期待を裏切られた私たちのもとに差した一条の光明でもあった。

その光明は今も消え去ってはいない。しかし、私たちは同時に、知識の民主化が知識の失墜をも生み出すという逆説を生きている。堅く揺るぎない知識も消費されるだけの不確かな情報に埋もれることを余儀なくされ、不確かな情報が人々の憎悪をかき立てる時代が今、訪れている。

この不確かな時代、不確かさが憎悪を生み出す時代にあって必要なのは、一人一人が堅く揺るぎない知識を得、生きていくための道標を得ることである。

フランス語の「メチエ」という言葉は、人が生きていくために必要とする職、経験によって身につけられる技術を意味する。選書メチエは、読者が磨き上げられた経験のもとに紡ぎ出される思索に触れ、生きるための技術と知識を手に入れる機会を提供することを目指している。万人にそのような機会が提供されたとき初めて、知識は真に民主化され、憎悪を乗り越える平和への道が拓けると私たちは固く信ずる。

この宣言をもって、講談社選書メチエ再出発の辞とするものである。

二〇一九年二月　野間省伸

MÉTIER

英国ユダヤ人　佐藤唯行
ポル・ポト〈革命〉史　山田　寛
世界のなかの日清韓関係史　岡本隆司
アーリア人　青木　健
ハプスブルクとオスマン帝国　河野　淳
「三国志」の政治と思想　渡邉義浩
海洋帝国興隆史　玉木俊明
軍人皇帝のローマ　井上文則
世界史の図式　岩崎育夫
ロシアあるいは対立の亡霊　乗松亨平
都市の起源　小泉龍人
英語の帝国　平田雅博
アメリカ　異形の制度空間　西谷　修
ジャズ・アンバサダーズ　齋藤嘉臣
モンゴル帝国誕生　白石典之
〈海賊〉の大英帝国　薩摩真介
フランス史　ギヨーム・ド・ベルティエ・ド・ソヴィニー　鹿島　茂監訳／楠瀬正浩訳

地中海の十字路＝シチリアの歴史　藤澤房俊
月下の犯罪　サーシャ・バッチャーニ　伊東信宏訳
シルクロード世界史　森安孝夫
黄禍論　廣部　泉
イスラエルの起源　鶴見太郎
近代アジアの啓蒙思想家　岩崎育夫
銭躍る東シナ海　大田由紀夫
スパルタを夢見た第三帝国　曽田長人
メランコリーの文化史　谷川多佳子
アトランティス＝ムーの系譜学　庄子大亮
中国パンダ外交史　家永真幸
越境の中国史　菊池秀明
中華を生んだ遊牧民　松下憲一
戦国日本を見た中国人　上田　信
遊牧王朝興亡史　白石典之
古代マケドニア全史　澤田典子

講談社選書メチエ　社会・人間科学

MÉTIER

日本語に主語はいらない　金谷武洋
テクノリテラシーとは何か　齊藤了文
どのような教育が「よい」教育か　苫野一徳
感情の政治学　吉田 徹
マーケット・デザイン　川越敏司
「社会《コンヴィヴィアリテ》」のない国、日本　菊谷和宏
権力の空間／空間の権力　山本理顕
地図入門　今尾恵介
国際紛争を読み解く五つの視座　篠田英朗
易、風水、暦、養生、処世　水野杏紀
丸山眞男の敗北　伊東祐吏
新・中華街　山下清海
ノーベル経済学賞　根井雅弘編著
日本論　石川九楊
丸山眞男の憂鬱　橋爪大三郎
危機の政治学　牧野雅彦
主権の二千年史　正村俊之

機械カニバリズム　久保明教
暗号通貨の経済学　小島寛之
電鉄は聖地をめざす　鈴木勇一郎
日本語の焦点　日本語「標準形《スタンダード》」の歴史　野村剛史
ワイン法　蛯原健介
MMT　井上智洋
手の倫理　伊藤亜紗
現代民主主義　思想と歴史　権左武志
やさしくない国ニッポンの政治経済学　田中世紀
物価とは何か　渡辺 努
SNS天皇論　茂木謙之介
英語の階級　新井潤美
目に見えない戦争　イヴォンヌ・ホフシュテッター　渡辺 玲訳
英語教育論争史　江利川春雄
人口の経済学　野原慎司
「社会」の底には何があるのか　菊谷和宏
楽しい政治　小森真樹

最新情報は公式ウェブサイト→https://gendai.media/gakujutsu/

MÉTIER

Savo·ir&Fa·ire 木　エルメス財団 編

極限の思想 バタイユ　佐々木雄大

極限の思想 ニーチェ　城戸 淳

極限の思想 ドゥルーズ　山内志朗

極限の思想 ハイデガー　高井ゆと里

極限の思想 サルトル　熊野純彦

極限の思想 ラカン　立木康介

今日のミトロジー　中沢新一

カイエ・ソバージュ［完全版］　中沢新一

人類最古の哲学［新装版］　中沢新一

日本精神史 近代篇 上・下　長谷川宏

嘘の真理《ほんと》　ジャン=リュック・ナンシー　柿並良佑訳

理性の呼び声　スタンリー・カヴェル　荒畑靖宏訳

地中海世界の歴史① 神々のささやく世界　本村凌二

地中海世界の歴史② 沈黙する神々の帝国　本村凌二

地中海世界の歴史③ 白熱する人間たちの都市　本村凌二

地中海世界の歴史④ 辺境の王朝と英雄　本村凌二

地中海世界の歴史⑤ 勝利を愛する人々　本村凌二